대한민국
민주화 이야기

민주화를 향한 현대한국정치사

강 원 택

서울대학교 지리학과를 졸업하고 서울대학교 대학원 정치학과에서 석사학위를 받았다. 이후 영국으로 유학을 가서 런던정치경제대학교(LSE)에서 정치학 박사학위를 받았다. 숭실대학교 정치외교학과에서 10년간 가르치다가 현재는 서울대학교 정치외교학부 교수로 있다. 한국정당학회 회장을 역임했고, 국회입법조사처, 통일부, 안전행정부, 중앙선거관리위원회, 국가보훈처 등에서 정책자문위원을 맡은 바 있다.
한국 정치의 역사적 전개과정과 제도적 변화에 대해 공부해 왔으며, 특히 선거, 정당, 국회 등에 대해 많은 관심을 보여 왔다. 최근에는 시민에 대한 정치교육의 강화를 통해 공동체에 대한 시민의 자율적인 기여와 이를 통한 사회적 조화의 확립에 대해 주목하고 있다.

저서
《한국의 정치개혁과 민주주의》, 《통일 이후의 한국 민주주의》, 《보수 정치는 어떻게 살아남았나: 영국 보수당의 역사》, 《한국 선거정치의 변화와 지속》 등 다수의 책이 있다.

대한민국역사박물관 한국현대사 교양총서 12

대한민국 민주화 이야기

민주화를 향한 현대한국정치사

2015년 8월 17일 발행
2015년 8월 17일 1쇄

지은이 강원택
펴낸이 김왕식
펴낸곳 대한민국역사박물관
서울특별시 종로구 세종대로 198
02-3703-9200 / www.much.go.kr
제작처 역사공간
총판 및 유통 정부간행물판매센타

ISBN 978-89-98443-85-6
978-89-98443-74-0(세트)
발간등록번호 11-1371480-000091-01

• 책값은 뒤표지에 있습니다.
• 저자 협의하에 인지는 생략합니다.

대한민국역사박물관
한국현대사 교양총서 12

대한민국 민주화 이야기

민주화를 향한 현대한국정치사

강원택 지음

대한민국 역사박물관
NATIONAL MUSEUM OF KOREAN CONTEMPORARY HISTORY

《한국현대사 교양총서》를 펴내며

대한민국역사박물관은 우리나라 최초의 국립 현대사박물관입니다. 500년의 전통과 현대성이 함께 숨 쉬는 광화문에 위치한 대한민국역사박물관은 일제강점기부터 현재까지 우리 한국인이 겪어온 피와 땀과 눈물의 대서사를 담은 역사 공간을 목표로 하여 건립되었습니다. 국가 상징 거리에 위치하여 과거와 현재를 이렇게 동시에 만날 수 있는 곳은 전 세계적으로 유례를 찾기 어려울 것입니다.

대한민국역사박물관은 우리의 정체성을 확인하고 우리가 걸어온 길을 되돌아보면서 앞으로 나아갈 길을 모색하는 성찰의 기회를 제공할 것입니다. 우리 한국인이 목숨 바쳐 나라를 되찾고 피땀 흘려 산업화와 민주화를 이룩한 과정을 균형 잡힌 시각으로 보여주어, 국민들이 우리 현대사에 대한 관심과 애정을 가질 수 있게 하고자 합니다.

이를 위해 대한민국역사박물관은 현대사에 대한 체계적인 자료 수집 및 관리 · 전시 · 교육 · 조사연구 등의 기능을 수행하고 있습니다. 특히 그동안 학계에서 쌓아온 현대사 연구 성과를 국민과 공유하는 것이 필요하다고 보고, 일반인이 좀 더 쉽게 읽고 이해할 수 있는《한국현대사 교양총서》 시리즈를 발간하게 되었습니다.

《한국현대사 교양총서》를 기획하면서 특히 중점을 두었던 점은 균형 있고 미래 지향적인 역사인식을 갖추는 데 기여하는 것입니다. 한국 현대사의 여러 사건과 인물들을 둘러싸고 첨예한 논란이 벌어지고 있는 현시점에서 균형 잡힌 역사인식이 무엇보다 절실하다고 하겠습니다.

아무쪼록 《한국현대사 교양총서》가 어렵게 느껴질 수 있는 우리 현대사에 쉽게 다가가는 계기가 되었으면 합니다. 아울러 이 총서가 한국 현대사에 대한 폭넓은 안목을 키울 수 있는 길잡이가 되기를 기대하며 독자 여러분의 많은 격려와 질정을 바랍니다.

대한민국역사박물관장

김 왕 식

들어가는 말

우리나라 헌법 제1조는 '대한민국은 민주공화국이다'이다. 제2조에는 '대한민국의 주권은 국민에게 있고 모든 권력은 국민으로부터 나온다'고 규정하고 있다. 민주공화국, 국민주권(인민주권)이라는 지향점은 임시정부 헌법을 비롯하여 해방 이전에 만들어진 헌법안에서부터 확인되며, 1948년 제헌헌법을 통해 마침내 헌법에 명문화되었다. 이처럼 대한민국은 민주주의 국가로 태어났다.

그렇지만 대한민국의 민주주의는 정부 출범 이후 매우 오랜 시간 동안 제 가치와 참모습을 찾지 못한 채 왜곡된 형태로 고통을 받아 왔다. 시민의 동의에 의한 권력의 창출, 공정하고 자유로운 선거, 시민의 자유와 권리 보장, 권력의 분산과 권력 간의 견제와 균형 등 대한민국이 건국과 함께 구현하고자 했던 자유민주주의의 기본적 가치는 권위주의적 통치자의 정치적 야욕으로 인해 실현될 수 없었다. 통치자 1인의 장기 집권과 독재가 민주주의가 있어야 할 자리에 머물러 있었다.

해방 이후 미소 간 냉전 대결의 각축장이 되어 버린 한반도에서 대한민국은 공산주의에 맞서는 반공국가인 동시에 자유민주주의 국가로 탄생했다. 그런데 대한민국 정부 수립 이후 자유민주주의와 반공주의는 종종 서로 충돌하면서 갈등을 빚어 왔다. 6·25 전쟁을 거치면서 북한 공산주의에 대한 증오와 불신은 내면화되었고, 한국에서 반공체제는 생존을 위한 방어막으로 현실 정치에 커다란 영향을 미쳤다. 한편, 반공체제의 강화는 권력자의 지배 욕구와 맞물리면서, 개인의 자유와 인권의 존중이라는 자유민주주의의 핵심적 가치를 제약하고 훼손하는 방식으로 악용되기도 했다. 독재체제의 수립, 헌법 개정을 통한 장기집권의 모색, 쿠데타, 인권과 자유의 제약과 반대자에 대한 억압 모두 반공이라는 명분하에서 정당성을 찾고자 했다.

하지만 자유민주주의의 가치를 복원하려는 노력은 거리에서, 대학에서 그리고 투표소에서 끊임없이 이어져 왔다. 대학과 도심이 최루탄과 화염병으로 얼룩졌고 수많은 사람들이 그 과정에서 어려움을 겪거나 희생되었지만, 결코 짧지 않은 기간 동안의 권위주의적 억압에도 불구하고 대한민국 국민들은 자유민주주의 체제의 복원을 위한 긴 시간의 투쟁을 멈추지 않았다. 민주화 이전의 대한민국 정치사는 민주주의의 복원을 향한 투쟁의 기록이라고 해도 될 만큼, 민주화를 향한 국민의 열망은 끊임없이 표출되어 왔다. 몇 번의 좌절 속에서도 민주주의를 향한 국민들의 염원은 꺾이지 않았으며, 대한민국은 마침내 1987년 6월 민주화의 첫발을 내딛었다.

주목할 점은 억압적인 상황에서도 '제도로서의 민주주의'는 정치적 격변기의 짧은 예외적인 시간을 제외하면 적어도 그 외양을 유지했다는 사실이다. 현실적으로는 권력 교체의 가능성이 거의 없었다고 해도, 반대자로서의 야당의 존재는 허용되었다. 야당은 권력에 대한 반대 세력의 구심점이 될 수 있었다. 강압적인 방식의 헌법 개정이나 쿠데타 등으로 권력을 자의적으로 연장하려고 하거나, 찬탈한 경우라도 반드시 선거를 통해서 정통성을 인정받고자 했다. 권위주의 체제였다고 해도 선거는 언제나 주기적으로 실시되었고, 자유롭고 공정한 선거라고 할 수는 없었지만 반대자들의 목소리와 정치적 불만이 선거를 통해서 표출되었다. 이 때문에 권위주의 체제의 권력자들에게도 선거는 항상 부담스러운 것이었다. 독재와 장기집권이 한계에 다다를 무렵, 체제에 대한 피로감은 선거를 통해 어김없이 표출되었고, 결국 민주주의를 열망하는 국민적 저항에 의해 난공불락처럼 보이던 권위주의 체제는 몰락했다. 1960년 4·19 혁명에서의 부정 선거 규탄과 1987년 6월 민주 항쟁의 '대통령 직선제,' '공정한 선거'의 구호는 30년 가까운 시차에도 불구하고 서로 공명하는 점이 있다.

우리가 지난한 투쟁과 노력 끝에 민주화에 도달한 1987년을 전후한 시기는 흥미롭게도 우리만이 아니라 세계적으로 많은 권위주의 체제가 민주주의로 전환해 갔다. 군부 쿠데타 이후 거의 40년간 살라자르António de Oliveira Salazar의 억압적 지배가 지속되었던 포르투갈은 1974년 독재체제가 붕괴하며 민주화되었고, 스페인 역시 36년간 지배해 온 프랑코Francisco Franco 총통이 사망하면서 1975년 11월 민주화되었다. 그리스에서도 1967년 쿠데타로 집권한 군사정권이 1974년에 붕괴하면서 민주주의로 복귀했다. 한편 '쿠데타의 회전문'이라고까지 불렸던 남아메리카에서도 이 시기에 많은 국가들이 민주주의 체제로 전환했다. 에콰도르에서는 군부가 정치에서 퇴진하고 1979년 민정 이양이 이뤄졌다. 1980년에는 페루에서 군부가 정치 전면에서 물러났고, 볼리비아에서는 1982년 민간인 출신 대통령이 선출되었다. 아르헨티나의 군사정권 역시 1983년에 붕괴했다. 브라질에서도 1984년 민간인 출신 대통령이 선출되었고, 그 무렵 칠레에서도 피노체트Augusto José Ramón Pinochet Ugarte 체제가 붕괴하며 민주화되었다.

아시아에서는 1986년 마르코스Ferdinand E. Marcos 체제가 대중의 저항과 함께 붕괴하면서 필리핀이 민주화되었고, 1987년 7월 타이완에서도 계엄령이 해제되면서 민주화를 향한 첫걸음을 뗐다. 인도네시아에서도 1998년 수하르토Suharto 독재체제가 붕괴했다. 그리고 소련의 붕괴와 함께 1989년 체코슬로바키아, 폴란드, 헝가리, 동독 등 동유럽의 많은 국가들이 민주화로 이행했다. 또한 남아프리카공화국에서 악명 높은 아파르트헤이트Apartheid가 폐지되고 1994년 만델라Nelson Mandela의 집권으로 상징되는 민주주의로의 이행을 이뤘다. 2010년에는 북부 아프리카 국가들을 중심으로 '아랍의 봄'이라 불리는 민주화 운동도 일어났다.

민주화에 대한 이와 같은 세계적인 흐름을 두고 미국의 정치학자 헌팅턴Samuel Huntington은 민주화의 제3의 물결The Third Wave이라고 불렀다. 당시 민주화는 시대적 흐름이었고 우리나라 역시 민주화의 제3의 물결을 탔다.

그런데 이제 민주화의 제3의 물결이 치고 간 지 30년 정도의 시간이 흘렀다. 민주화 당시에는 새롭고 자유로운 정치 질서에 대한 높은 기대감과 뜨거운 열정이 솟구쳤지만, 현실적으로 오랜 권위주의 시대의 유산과 문제점을 극복하고 안정적인 민주주의를 확립하는 것은 결코 쉬운 일이 아니다. 이 때문에 적지 않은 국가에서 민주화 이후 민주주의의 공고화鞏固化 과정에 어려움을 겪고 있다. 1992년 민주화된 태국의 경우에는 그 이후 지금까지 벌써 두 차례 군부 쿠데타가 발생했다. 2006년 군사 쿠데타가 발생하여 민주적 선거를 통해 선출된 탁신Thaksin Sinawatra 총리가 축출되었고, 2014년에 또다시 쿠데타가 발생하여 잉락Yingluck Shinawatra 총리를 내쫓았다. 필리핀에서는 에스트라다Joseph Estrada 대통령이 뇌물 수수와 부패로 인해 임기 도중인 2001년 불명예 퇴진했고, 인도네시아의 압둘라만 와히드Abdurrahman Wahid 대통령은 민주적 선거에 의해 대통령에 당선된 첫 인물이었지만 부정부패와 국정 운영 실패를 이유로 2001년 의회의 탄핵으로 물러났다. 라틴 아메리카의 온두라스에서도 2009년 쿠데타가 발생했다. 브라질의 멜루Fernando Affonso Collor de Mello 대통령은 1992년 뇌물 스캔들로 인해 하원에서 탄핵안이 가결되고 상원의 탄핵 절차가 개시되자 곧바로 사임했다. 기대를 모았던 '아랍의 봄' 역시 이집트 등 적지 않은 국가에서 퇴행적이거나 정치적으로 불안정한 모습을 보이고 있다. 이밖에 민주화의 제3의 물결을 탄 다른 국가에서도 대규모 시위나 폭력, 심지어 테러를 수반한 심각한 정치적 위기를 경험해 왔다.

이에 비해서 한국은 민주화 이후 권위주의 체제의 유산을 극복하기 위한 노력이 꾸준하게 이어져 왔고, 민주주의의 공고화 측면에서도 비교적 상당한 성과를 이뤄냈다. 물론 우리나라 민주주의의 공고화에 대한 평가는 바라보는 시각에 따라 매우 다를 수 있다. 그러나 과거 1980년대처럼 도심과 대학이 시위와 저항으로 몸살을 앓고 거리가 최루탄과 화염병으로 얼룩졌던 시절과는 비교할 수 없는 상황이 되었다. 선거는 대체로 자유롭고 공정하게 치러지고 있으며 시민의 자유와 인권도 예전과 비교할 때 많은 개선이 이뤄졌다. 1987년 이래 6명의 대통령을 적법한 절차를 통해 선출했고, 7번의 국회의원 선거를 큰 무리 없이 치렀다. 과거 권위주의 체제하에서 이뤄지지 못했던 지방선거가 1991년 부활한 이후 지금까지 7번의 지방선거를 통해 지방자치를 실현해 왔다.

그런데 이와 같은 안정적인 방식으로 민주주의의 공고화를 이룬다는 것은 민주화가 막 시작되었을 때는 쉽게 예상하기 어려웠다. 왜냐하면 한국의 민주화는 매우 불안정하고 불완전한 형태로 이뤄졌기 때문이다. 민주화 운동 세력은 민주주의를 요구했지만 권위주의 정권을 통째로 무너뜨릴 만큼 강하지 못했고, 반대로 권위주의 정권 역시 민주화 요구를 거부할 수 있을 만큼 강력하지 못했다. 그래서 한국의 민주화는 적대적이었던 두 세력 간의 '타협'에 의해 이뤄진 것이었다. 적대적인 두 세력이 상호 간의 현실적 힘의 한계로 인해 타협에 도달하기는 했지만, 그 이후의 정치 상황이 어떤 형태로 전개될 것인지는 사실 당시로서는 예상하기 힘들었다.

그러나 지난 30년 가까운 기간 동안 한국 민주주의는 심각한 위기 없이 비교적 안정적이고 무난하게 공고화의 과정을 밟아 왔다고 평가할 수 있다. 정파적·이념적 정치 갈등은 일상화되었지만, 1987년에 합의된 민주주의 체제의 근간을 흔드는 위협적 상황은 나타나지 않았다. 군의 정치 개입은 상상하기 어려운 일이 되었고, 대규모 촛불집회나 시위는 일어났지만 폭력을 수반한 소요나 봉기는 없었다. 또한 과거처럼 국가 기관이 총체적으로 동원되어 조직적이고 노골적인 방식으로 선거에 개입하는 일은 불가능하게 되었다.

이제 한국의 민주주의는 외부 기관의 객관적 기준에 의한 평가에서도 좋은 점수를 받고 있다. 영국의 권위 있는 주간지인 《이코노미스트The Economist》지는 2006년부터 매년 세계 여러 나라를 대상으로 민주주의 지수Democracy Index를 발표해 왔다. 이 중 1~25위의 국가를 완전한 민주주의Full democracy로 평가하고 있다. 2014년 조사 대상국[1] 167개국 중에서 한국은 21위로 평가받았다. 아시아 국가 중에서 완전한 민주주의 그룹에 포함된 나라는 한국과 일본 두 나라뿐이었다. 민주화의 제3의 물결을 탄 신생 민주주의 국가 중에서 25위 안에 포함된 국가는 한국과 스페인, 우루과이 세 나라였다. 참고로 북한은 167개국 중 최하위인 167위로 평가 받았다. 물론 모든 조사는 다 나름대로의 한계와 편향성을 지닐 수 있기 때문에 이러한 민주주의 평가 지수에 지나치게 큰 의미를 부여할 필요는 없다. 그렇지만 적어도 이러한 평가는 한국의 민주주의가 그동안 많은 어려움에도 불구하고 비교적 성공적으로 공고화되어 왔다는 것을 입증하는 증거라고 할 수 있다.

우리는 경제적 성장과 함께 스스로 자긍심을 가질 만한 정치적 민주화라는 또 다른 성공을 이뤄냈다. 완벽하다고 말할 수는 없지만, 대한민국은 이제 민주주의를 이뤄냈다. 그러나 그 과정은 어렵고 힘들었다. 이제 민주화를 달성하기까지 한국 정치가 겪어온 고통과 질곡, 그리고 저항의 역사에 대해 살펴보기로 한다.

강 원 택

차례

1장

정부 수립에서 4·19 혁명까지

해방 이후 통일된 독립국가를 원했던 우리 민족의 소망과 달리 한반도는 사실상 두 개의 나라로 분단되었나. 남한에서는 1948년 5월 10일 제헌국회 선거가 실시되었다. 그러나 좌파는 물론 남쪽만의 단독정부 수립에 반대하는 김구, 김규식 등 중간파 등도 제헌선거에 참여하지 않아서, 5·10 총선거는 우파 중심으로 치러지게 되었다.

1 제헌과 이승만

해방 이후 통일된 독립국가를 원했던 우리 민족의 소망과 달리 한반도는 사실상 두 개의 나라로 분단되었다. 남한에서는 1948년 5월 10일 제헌국회 선거가 실시되었다. 그러나 좌파는 물론 남쪽만의 단독정부 수립에 반대하는 김구, 김규식 등 중간파 등도 제헌선거에 참여하지 않아서, 5·10 총선거는 우파 중심으로 치러지게 되었다.

제헌국회의 가장 중요한 임무는 헌법을 제정하는 일이었다. 헌법 제정 과정에서 가장 쟁점이 되었던 것은 권력구조에 대한 것이었다. 헌법기초위원회의 다수를 차지했던 한국민주당(한민당)은 내각책임제를 원했다. 한민당은 지주, 식민지 시대의 관료, 해외 유학파 등이 주축을 이루고 있었지만, 해외에서 독립운동을 한 독립운동 지도자들에 비해 전국적으로 높은 명망과 인기를 지닌 사람들은 많지 않았다. 따라서 이들은 내각책임제를 선호했던 것이다. 이에 비해 당시 유력한 대통령 후보였던 이승만은 대통령제를 원했다.

이러한 갈등 속에서도 헌법기초위원회는 내각책임제를 골자로 하는 헌법안을 마련하고 최종 결정을 위한 마지막 회의를 남겨 두고 있었다. 그동안 이승만은 헌법기초위원회에 참석하여 권력구조가 대통령제로 결정되어야 한다는 뜻을 여러 차례 공개적으로 표명했고, 이러한 의견이 받아들여지지 않자 국회 전원위원회 소집을 요구하기도 했다. 그러나 모든 노력이 수포로 돌아가자, 이승만은 대통령제가 받아들여지지 않으면 정부에 참여하지 않겠다는 폭탄선언을 했다. 김구, 김규식 등 민족주의 중간파도 제헌국회 선거에 참여하지 않은 상황에서 이승만까지 정부에 참여하지 않는다면 새 정부의 정통성과 대표성은 협소해질 수밖에 없는 일이었다. 이승만의 위협은 통했다. 한민당은 결국 이승만의 요구를 받아들이기로 했다.

그러나 한민당은 기존의 내각제 헌법안을 대통령제로 수정하면서 대통령을 견제할 수 있는 내각제적인 요소를 상당히 남겨 두었다. 우선 대통령은 국회에서 간선間選으로 선출하도록 했고, 임기를 4년으로 하고 한 번만 중임할 수 있도록 했다. 부통령 역시 대통령과 함께 국회에서 간선으로 선출하도록 했으나, 러닝메이트Running mate 제도가 아니라 각각 별도로 선출하도록 했다. 또한 내각제처럼 대통령, 국무총리, 국무위원으로 조직되는 '합의체'로서의 국무회의를 두도록 했으며, 국무회의 의결은 과반수로 하도록 했다. 국무총리는 대통령이 임명하지만 국회의 동의를 구하도록 했다. 대통령의 국무에 관한 행위는 문서로 해야 하며 모든 문서에는 반드시 국무총리와 관계 국무위원이 부서副署하도록 했다. 또한 국회의원이 국무위원을 겸할 수 있도록 했으며, 정부의 법률안 및 예산안 제출권도 허용했다. 이와 함께 원래 내각제 헌법 초안에 있던 대통령의 국회 해산권과 국회의 국무원 불신임권은 삭제되었다. 이러한 내용을 기초로 하는 헌법은 본회의에서 토론을 거쳐 확정되었다.

이처럼 신생 독립국가 대한민국의 권력구조는 대통령제이지만 내각제적인 요소가 상당히 포함된 혼합형 체제였다. 이는 제헌 과정에서 내각제를 원했던 한민당과 대통령제를 원했던 이승만 간의 타협의 산물이었다. 이승만의 대통령제 채택 요구는 관철되었지만, 한민당은 대통령의 권력이 내각제의 내각회의와 같은 국무원의 제약을 받도록 했으며, 대통령의 선출 역시 국회에서 간선으로 하도록 했다. 한민당으로서는 자신들이 국무원의 다수 의석을 차지하게 되면 이승만이 대통령이 되더라도 대통령의 권한을 견제할 수 있을 것으로 생각했다. 더욱이 국회 내에서 다수 의석만 유지된다면 적어도 이승만의 중임은 막을 수 있을 것으로 생각했다.

이런 점에서 볼 때, 제헌헌법의 권력구조 특성은 '견제받는 대통령'이었다. 그러나 그 후 제1공화국 동안 전개된 한국 정치는 이와 같이 제도적으로 규정된 한계를 넘어서 정치권력을 확대하고 집중하려는 권력자의 의지에 의해 왜곡되어 갔다. 두 세력 간의 타협에 의해 만들어진 '견제받는 대통령'이라는 제한을 넘어서려는 권력자의 의지 관철이 헌정을 왜곡하고 유린하는 형태로 이어진 것이다. 그리고 독재화한 권력자의 헌정 왜곡에 대해 분노하면서 자유민주주의의 가치를 회복하려는 시민의 저항이 정점에 달한 사건이 4·19 혁명이었다.

2 헌정 왜곡의 시작, 부산 정치 파동

1948년 8월 15일, 이승만은 국회에서 압도적인 지지로 대한민국의 첫 대통령으로 당선되었다. 이와 함께 '민주공화국' 대한민국이 출범하게 되었다. 하지만 이승만 대통령에게 자유민주주의는 공산주의에 대항하는 체제로서의 의미만이 중요했을 뿐, 자유민주주의가 담고 있는 가치와 이념을 현실 정치 속에서 구현하려는 의지는 강하지 않았다. 오히려 이승만은 자신의 집권 연장과 권력 강화를 위해서 반민주적인 행태를 서슴지 않았고, 그 과정에서 반대자를 누르고 자신의 권력 의지를 관철시키기 위한 효과적인 도구로 반공주의를 악용했다.

이승만에 의해 시도된 최초의 헌정 왜곡은 1952년에 이뤄졌다. 그것은 이승만의 재선 욕심과 관련되어 있었다. 제헌헌법에서는 국회에서의 간선 방식으로 대통령을 선출하도록 규정하고 있었지만, 국회 내에 이승만의 지지 세력은 많지 않았다. 이승만은 대통령 당선 이후 김성수를 국무총리로 지명해야 한다는 요구를 거절하는 등 한민당과의 협력을 거부했기 때문에 한민당 역시 이승만에게 적대적이었다.

한편, 1950년 5월에는 제2대 국회의원 선거가 예정되어 있었다. 그러나 이 역시 이승만에게는 별로 달갑지 않은 선거였다. 자신을 지지하는 세력이 다수를 차지할 가능성이 커 보이지 않았기 때문이다. 이 때문에 이승만은 제2대 국회의원 선거를 연기하고 싶어했다. 그러나 미국 국무장관 애치슨Dean Gooderham Acheson은 선거 연기에 대해 반대하는 입장을 분명히 했다. 애치슨은 장면 주미한국대사에게 보낸 서신에서 선거 연기를 한국에 대한 원조와 연계할 뜻을 다음과 같이 내비쳤다.

> 국무장관은……3월 31일 이 대통령이 국회에 보낸 메시지에서 제의한 바, 5월 총선거를 11월의 어느 시기로 연기하려는 한국 정부의 의도이다. 국무장관은 한국에 대한 미국의 군사·경제적 원조는 공화국 내의 민주주의 제도의 존재와 성장에 입각하고 있다는 사실에 각하의 관심을 촉구하고 싶다.[2]

이승만은 결국 미국의 압력에 의해 선거 연기의 뜻을 접었다. 그리하여 제2대 국회의원 선거가 예정대로 1950년 5월 30일에 실시되었다. 선거 결과, 대한국민당과 민주국민당이 각각 24명, 국민회가 14명, 대한청년단이 10명, 대한노동총연맹과 일민구락부가 각각 3명, 사회당이 2명, 기타 정당들이 4명 당선시켰고, 나머지 126명은 모두 무소속이었다. 선거 결과는 이승만 대통령에게 우호적인 세력이 이번에도 국회 내에 다수를 차지하지 못한 것으로 나타났다.

한편, 6·25 전쟁을 전후해서 여러 가지 큰 사건이 발생해서 사회적으로 커다란 충격을 주었다. 정부는 좌익 전향자들을 대상으로 국민보도연맹이라는 조직을 결성했는데, 6·25 전쟁 발발 후 이들이 북한에 협력할 가능성이 있다는 이유로 무차별 검속鈐束과 즉결처분 등으로 20만 명 정도가 학살되는 사건이 발생했다. 또, 17세 이상 40세 이하의 장정을 국민방위군이라는 예비 병력으로 편성했는데, 6·25 전쟁 중 이들에게 배당된 경비, 식량, 군수품을 국민방위군 간부들이 빼돌려 착복하고 일부는 정치권에 상납하면서, 약 9만 명이 굶주림과 질병, 추위로 사망하는 사건이 발생했다. 1951년 2월에는 경남 거창군 신원면에서 국군 제11사단 9연대 병력이 공비소탕작전이라는 명분하에 이 지역 주민 600여 명을 골짜기로 끌고 가서 집단학살하는 사건이 발생했다.

당시 부통령이었던 이시영은 이승만 정권하에서 일어난 이와 같은 부패와 실정에 대해 항의하고 비판하면서, 1951년 5월 1일 부통령직에서 사임했다. 이에 따라 5월 16일 부통령 선거가 국회에서 실시되었다. 1, 2차 투표에서 3분의 2를 넘는 득표를 한 후보가 없어서 상위 후보인 김성수와 이갑성을 두고 표결한 결과 김성수 78표, 이갑성 13표로 김성수가 부통령에 당선되었다. 이승만의 적대 세력인 한민당의 후신後身인 민국당의 김성수가 부통령으로 당선된 것이었다. 이승만은 국회 내에 자신을 지원해 줄 확고한 다수의 지지 세력을 확보하지 못했다.

1952년으로 다가온 대통령 선거를 앞두고, 국회에서 간선제 방식으로 대통령을 선출하는 경우에 이승만의 재선은 사실상 가망이 없었다. 재선을 위해서는 결국 직선제 방식으로 개헌이 되어야만 했다. 이승만은 1951년 11월 28일 대통령 직선제와 양원제를 골자로 하는 개헌안을 국회에 제출했다. 그러나 1952년 1월 18일 실시된 대통령 직선제 개헌안에 대한 표결은 재적 175명 중 163명이 참여하여 찬성 19표, 반대 143표, 기권 1표라는 압도적 차이로 부결되었다. 이승만은 국회를 통한 간선제 방식으로는 자신이 대통령으로 재선될 수 없다는 뼈저린 현실을 다시 확인했다. 직선제 개헌이 필요하지만, 반대파가 다수를 차지하고 있는 상황에서 '정상적인 절차'를 통해 국회에서 직선제 개헌을 한다는 것은 불가능한 일이었다.

이승만은 강압적인 방법을 통해 재선을 위한 직선제 개헌을 관철하기로 했다. 이를 위해 우선 국민의 지지를 동원하기 위한 정당을 만들었다. 이전까지 정당의 필요성을 부정해 온 이승만은 1951년 8·15 기념사에서 새로운 정당의 필요성과 함께 대통령 직선제와 양원제로의 개헌을 강조했다. 이에 따라 국회 내부와 외부에서 각각 이승만을 위한 창당의 움직임이 일어났다. 12월 23일에는 국회 내에서 이승만 지지 세력인 자유당이 창당되었고(원내 자유당), 국회 밖에서는 사회단체를 중심으로 또 다른 자유당이 창당되었다(원외 자유당). 원외 자유당에는 국민회, 대한노동총연맹, 대한농민총연맹, 대한부인회, 대한청년단 등의 사회단체도 참여했다.

자유당 창당과 관련해서 가장 중요했던 소식은 이범석이 이끌던 조선민족청년단(족청)이었다. 이승만은 전국적인 조직망을 가진 족청 조직을 활용하여 원외 자유당 조직을 건설했다. 그러나 앞서 본 대로, 이승만이 제출한 대통령 직선제 개헌안 투표에서 원내 자유당이 찬성하지 않았기 때문에, 이승만은 원내 자유당을 멀리하게 되었다. 결국 원외 자유당이 이승만 지지의 중심이 되었다.

이승만의 직선제 개헌 추진에 반발하는 국회 내 반대파들은 내각제 개헌안을 제출했다. 1952년 4월 17일, 원내 자유당 93명 중 48명, 민국당 39명, 민우회 21명, 무소속 15명 등의 연합으로 국회 재적의원 3분의 2를 초과한 123명이 내각책임제 개헌안을 국회에 제출했다. 서명한 의원 수로 볼 때 이대로 두면 내각제 개헌안은 통과될 수 있었다. 그러자 이승만은 자신의 지지 세력을 동원하여 개헌안 반대 시위를 벌이도록 했다. 원외 자유당과 18개 단체 대표들이 모여 내각책임제 개헌안 반대 전국정당투쟁위원회를 결성했고, 대한청년단 등 친이승만 단체를 동원하여 직선제 개헌 지지와 내각제 개헌 반대 민중대회 등의 관제 시위를 전개했다. 이와 함께 내각제를 찬성하는 국회의원들에 대한 소환 운동도 벌였다.

한편, 이승만은 갑자기 지방의회 선거를 치르기로 결정했다. 지방자치법은 1949년 7월 4일 제정·공포되었는데, 각 자치단체 의회의 의원은 직접 선거로 선출하고 서울특별시장과 도지사는 대통령이 임명하고, 시·읍·면장은 시·읍·면 의회에서 선출하는 방식이었다. 법은 이미 만들어져 있었지만 그동안 실시를 미루고 있었다. 그런데 이승만은 돌연 1952년에 지방선거를 실시하기로 한 것이었다. 이에 따라 1952년 4월 시·읍·면 의회 선거가, 5월에는 도 의회 의원 선거가 실시되었다. 지방선거 결과 원외 자유당 후보들이 대거 당선되었는데, 이들은 자치단체장이나 중앙정부를 견제하기보다 이승만이 주도한 대통령 직선제 개헌

운동에 적극 가담하여 국회를 공격하는 데 앞장섰다.

이승만이 지방선거를 갑작스럽게 실시한 진짜 이유는 지방자치를 구현하기 위해서라기보다는 국회에서의 열세를 극복하고 대통령 직선제 개헌에 대한 지지 세력을 동원하기 위한 것이었다. 또 한편으로는 새로이 창당된 자유당 지역 조직의 지지자 동원 역량을 점검해 볼 필요도 있었다.

5월 14일, 이승만 대통령은 내각제 개헌안에 맞서 지난번에 부결된 직선제 개헌안을 약간 수정하여 다시 제출했다. 이번에는 국회를 그냥 내버려 두지 않았다. 관제 대중집회와 정치 깡패를 동원하여 국회의원들에게 직접적으로 압력을 넣었다. 직선제 개헌을 지지하는 군민대회郡民大會가 각시에서 열렸고, 국회 해산을 요구하는 대중집회도 열렸다. 자유당이 다수를 차지한 도의회는 국회 해산을 결의했다. 정권에 의해 동원된 민족자결단·백골단·땃벌떼 등의 정치 깡패 폭력조직을 비롯한 관제 데모대가 국회의원 소환, 국회 해산 등을 외치며 매일 거리로 나섰고, 국회의사당을 포위하며 의원들을 위협했다. 이들은 심지어 당시 국회의장이었던 신익희의 집을 에워싸고 위협하기도 했다.

한편, 이승만 대통령은 5월 24일 이범석을 내무장관에 임명했다. 경찰력을 관장하는 내무장관에 원외 자유당의 핵심 조직인 족청의 지도자 이범석을 임명한 것이다. 이범석은 5월 25일 0시를 기해, 전시 임시 수도였던 부산 일원과 경상남도, 전라남도, 전라북도 지역에 공비 토벌 명목으로 계엄령을 선포했고, 원용덕을 계엄사령관으로 임명했다. 드디어 '부산 정치 파동'이 본격화된 것이었다.

'부산 정치 파동' 때 헌병대에 의해 버스째 연행되는 국회의원들

계엄령을 선포한 다음날인 5월 26일 50여 명의 국회의원을 태운 통근버스가 헌병대에 통째로 끌려가는 사태가 발생했다. 그리고 곽상훈 등 의원 10명을 '국제공산당'에 관련되어 있다는 이유로 체포했다. 이승만의 이러한 위협과 협박에 대해 국회는 5월 28일 부산 지구 계엄령 해제를 결의했으며, 5월 29일에는 김성수 부통령이 이승만의 헌정 유린 사태에 항의하며 사임했다. 또한 6월 20일에는 국제구락부에서 야당 의원들을 포함한 반이승만 인사들이 모여 '반독재호헌구국선언대회'를 개최했으나 폭력배들의 난동으로 행사가 제대로 진행될 수 없었다.

이와 같은 험악한 분위기 속에서 6월 21일 장택상이 이끄는 신라

회와 자유당은 내각제와 대통령제 개헌안의 내용을 절충한 '발췌개헌안'을 합동으로 제출했다. 타협을 모색한다는 명분이었으나 핵심은 대통령 직선제였다. 그 내용은 대통령과 부통령을 국민 직선으로 선출하지만, 내각제적 요소인 국무총리를 두며 총리의 요청에 의해 국무위원을 임명, 면직하도록 하며, 국회가 국무위원에 대해 불신임 결의를 할 수 있으며, 양원제를 구성한다는 것이었다.

발췌개헌안은 국회에서 상정되었지만 표결이 이뤄질 수 없었다. 억압적인 분위기로 인해 상당수의 의원들이 각지로 피신해 버려서 정족수를 채울 수 없었기 때문이다. 의결 정족수를 채우기 위해 피신해 있는 의원을 찾아내어 강제로 등원시켰다. 그래도 정족수에 미치지 못하자 국제공산당 관련 혐의로 구속 중이던 10명의 국회의원까지 일시적으로 석방하여 국회 표결에 참석시켜야 했다. 1952년 7월 4일 밤, 재적의원 183명 중 166명이 국회에 참석했다. 헌법에 명시된 30일간의 공고 기간 만료 이전이었지만, 그 절차를 무시하고 곧바로 발췌개헌안에 대해 토론 없이 기립 방식으로 표결했다. 결국 찬성 163명, 기권 3명으로 이승만이 원했던 직선제 개헌안이 통과되었다. 계엄령하에서 경찰과 헌병이 국회 의사당을 포위한 위압적인 상황에서 대통령 직선제 개헌안이 통과된 것이었다.

부산 정치 파동은 한국정치사에서 의미심상한 사건이었다. 제헌국회에서 마련한 권력구조가 불과 4년 만에 권력자 개인의 권력욕을 위해 왜곡되고 유린되었다. 이는 명백히 이승만의 장기집권을 위한 국가 폭력이었고, 정치 탄압이었다. '1인 지배'의 관철을 위해 국가 권력이 경찰·

군·폭력조직 등 물리적 강제력을 동원하여 의회 민주주의를 억압하고 헌정을 유린한 첫 사건이었다. 이와 함께 정치권력이 정치제도가 아니라 대통령 개인과 일치되는 권위주의 체제가 등장하게 되었다.[3] 이는 이후 35년간 계속되는 자유민주주의의 왜곡과 파행의 출발점이었으며, 동시에 민주주의를 회복하기 위한 투쟁과 저항의 시작이었다.

3 사사오입 개헌과 '야당'의 등장

이승만은 온갖 무리수를 동원하여 직선제 개헌을 관철시킨 후, 2대 대통령 선거가 공고되자 정작 출마할 뜻이 없다고 밝혔다. 개헌이 자신의 권력 연장을 위한 것이 아니라는 명분을 얻고자 한 것이었다. 그러나 이승만이 불출마 의사를 밝히자마자 자유당과 정부가 동원한 대중집회와 서명운동이 매일 계속되었다. 이승만의 출마를 종용하는 '관제 민의官製民意'였다. 이러한 '민의'에 따라 '마지못해' 출마한 이승만은 1952년 8월 5일 실시된 선거에서 압도적 지지로 대통령에 재선되었다.

선거 과정은 졸속이었다. 7월 18일에 선거가 공고되었고, 후보자 등록 마감은 일주일 뒤인 7월 26일이었고, 선거는 8월 5일이었다. 선거 공고부터 선거까지 17일의 시간이 있었고, 후보 등록부터 선거까지는 겨우 열흘의 시간이 주어졌다. 경쟁자가 제대로 된 선거운동을 하기에는 시간이 애당초 크게 부족했다. 더욱이 부산 정치 파동에서 보여준 것처럼 경찰력과 군, 자유당 조직, 각종 관제 사회단체 등 현직 대통령이 갖는 막강한 동원력을 고려할 때 처음부터 이승만의 압도적인 승리라는 선거 결과는 이미 정해져 있었다. 이승만은 523만여 표를 얻어 전체 유효 투표의 74.6%를 얻어 승리했다. 조봉암은 79만여 표를 얻었고, 민국당의 이시영은 76만여 표를 얻었다.

그런데 2대 정부통령 선거에서 흥미로운 결과는 부통령 선거였다. 자유당의 부통령 후보는 부산 정치 파동 때 내무장관이었고 자유당 조직의 근간인 족청의 지도자 이범석이었다. 이승만은 자유당 창당과 부산 정치 파동 때 이범석의 도움을 크게 입었다. 그러나 부통령 선거에서 이승만은 함태영을 은밀하게 밀었다. 장택상 총리와 김태선 내무장관은 이승만의 의중을 받들어 경찰력을 동원하여 이범석을 낙선시키고 함태영을 당선시키기 위해 애썼다. 선거 결과 함태영은 294만여 표를 얻어 181만여 표를 얻은 이범석을 누르고 부통령으로 당선되었다.

함태영의 당선은 경찰의 적극적인 선거 개입의 결과였다. 이 선거는 경찰 등 관권官權이 선거에 본격적으로 개입한 첫 선거였다. 자신의 권력을 위협할 수 있는 잠재적 경쟁자의 존재를 허용하지 않았던 이승만은 이렇게 이범석을 내쳤다. 그리고 자유당 내의 족청계 세력을 제거하기 시작했고, 자신의 심복인 이기붕에게 자유당을 맡겼다.

강압적인 방식으로 헌법을 개정하고 재선에 성공한 이승만은 얼마 지나지 않아 사실상의 종신 지배를 향해 움직이기 시작했다. 1954년 제3대 민의원 선거가 실시되었다. 국회의원 선거가 '민의원 선거'가 된 것은 1952년의 발췌개헌 때 양원제로 개정했기 때문에 하원인 민의원 선거라는 명칭이 붙게 된 것이었다. 그러나 상원인 참의원은 결국 구성되지 않았다. 민의원 선거에서 자유당은 203석 중 114석을 얻었다. 민국당은 15석을 얻는 데 그쳤고, 무소속이 68명 당선되었다.

선거 결과만 놓고 보면 자유당의 압승으로 보이지만, 실제로 자유당의 득표율은 36.8%에 그쳤다. 이런 결과가 나온 것은 야당 후보가 난립한 탓도 있지만, 가장 큰 이유는 경찰이 선거에 깊이 개입했기 때문이었다. 경찰은 야당 후보의 선거운동을 노골적으로 방해했다. 예를 들면, 1952년 대선에 출마하여 79만 표를 얻었던 조봉암은 민의원 선거에 출마조차 할 수 없었다. 그는 인천 을구에서 출마하려고 했으나 선거 등록 서류를 탈취당했다. 이 때문에 부산으로 옮겨 출마하고자 했으나 인천에서와 마찬가지의 사건이 발생했다. 마지막으로 서대문구로 옮겨 등록 마감일에 서류를 제출했으나, 서류 미비라는 이유로 등록을 거부당했다. 이 선거는 '몽둥이 선거'라고 불릴 만큼 경찰이 선거 과정에 깊이 개입했다.[4]

이렇게까지 민의원 선거에 경찰이 깊이 개입한 것은 이승만의 또 다른 정치적 의도가 있었기 때문이다. 1952년에 개정된 헌법은 대통령 직선제를 규정하고 있지만, 대통령의 임기는 두 번으로 한정하고 있었다. 이승만은 이제 두 번째 임기의 끝이 다가오면서 또 다른 권력 연장을 꾀하고자 했다. 민의원 선거에서 자유당은 114석을 얻었지만 개헌 정족수인 재적 의원 203명이 3분의 2를 넘기 위해서는 136석을 채워야 했다. 선거에서 얻은 것보다 더 많은 의석이 필요했던 것이다. 금품 등을 통한 회유와 물리적 협박을 통해 무소속 의원들을 끌어들였다.

자유당은 1954년 11월 20일 초대 대통령에 한해 중임 제한을 폐지하는 것을 핵심으로 하는 개헌안을 국회에 상정했다. 이와 함께 국민투표제도 개헌안에 포함시켰다. 국민투표제가 도입되면 이승만 대통령은 국회로부터 강한 반대에 직면하는 사안에 대해 대중 동원을 통해 보다 쉽게 자신의 뜻을 관철할 수 있게 된 것이다. 또한 국무총리제와 국무원에 대한 연대 책임을 폐지하고 개별 국무위원에 대한 불신임만 인정하도록 하는 내용도 포함되었는데, 이 모든 것은 대통령에게 권력을 집중시키기 위한 방안이었다.

11월 27일 개헌안에 대한 국회 투표가 실시되었다. 투표 결과 재적의원 203명 중 의원 202명이 표결에 참여했으며, 찬성 135표, 반대 60표, 기권 7표였다. 개헌에 필요한 의결정족수는 136명이었는데, 한 표가 모자란 결과였다. 따라서 당시 사회를 맡았던 국회부의장 최순주는 부결을 선포했다. 그러나 부결 선포 이후 자유당은 긴급 의원총회를 열어 개헌안 부결 번복을 위한 총력전을 기울였다. 자유당은 "어제 최 부의장이 본회의에서 개헌안 투표가 부결임을 선포한 것은 의사 과정의 잘못된 산출 방법 보고에 의하여 착오 선포된 것"이라고 지적하며, "재적 의원 203명의 3분의 2는 정확하게 135.333……인데, 자연인을 정수가 아닌 소수점 이하까지 나눌 수 없으므로 4사5입四捨五入의 수학적 원리에 의해 가장 근사치의 정수인 135명임이 의심할 바 없으므로 개헌안은 가결된 것"[5]이라는 억지 논리를 폈다.

이러한 논리에 따라 자유당은 이 문제를 국회에서 재론하기로 했다. 11월 28일에 열린 국회에서 야당은 이에 반발하여 퇴장했고, 남아있는 자유당 의원 125명만으로 번복 가결 동의안을 상정했고, 이들 중

123명이 찬성하여(김두한, 민관식 의원은 반대) 개헌안이 통과된 것으로 결정했다. 136명의 가결 요건을 사사오입이라는 억지 주장을 통해 통과시킨 일이나, 한번 부결 선언된 개헌안을 번복하여 가결시킨 일 모두 정상적인 결정이라고 보기 어려웠다. 그러나 그런 절차의 공정성이 중요한 것이 아니었다. 이제 이승만은 종신 집권을 제도적으로 보장 받게 되었다.

그러나 이러한 무리한 집권 연장 시도는 이승만의 반대파를 결집시키는 결과를 가져왔다. 사사오입 개헌에 반발하여 야당 의원들은 1954년 11월 30일 호헌동지회를 결성했다. 여기에 민관식, 현석호, 김영삼 등 자유당에서 탈당한 14명의 의원과 흥사단 등이 민국당과 통합하면서 1955년 9월 18일 민주당을 창당했다. 이로써 지리멸렬했던 이승만의 반대 세력이 하나로 뭉치게 되었고, 국회 내에 이승만의 장기집권과 헌정 유린에 반대하는 연합체로서 '야당'이 본격적으로 등장하게 되었다. 이승만 독재에 반대하는 대안 세력으로서의 정치적 구심체가 마침내 나타난 것이었다.

사사오입이라는 억지 논리로 3선 개헌을 성사시켰지만, 1956년 5월 정부통령 선거를 앞둔 3월 자유당이 대통령 후보에 이승만, 부통령 후보에 이기붕을 추대하자 이승만은 이번에도 불출마 의사를 표명했다. 이에 전국적으로 불출마 의사 번복을 위한 관제 민의가 또다시 동원되었다. 서울에서는 한때 우마차조합에서 소와 말을 끌고 나와 시위를 벌였는데, 이 때문에 '우의마의牛意馬意'라는 빈정거림이 유행하기도 했다. 곧 이승만은 불출마 의사를 접고 민의에 따라 출마하기로 했다는 담화를 발표했

민주당 유세 차량, "못 살겠다 갈아보자"

1954년 정부통령 선거에서 민주당은 '못 살겠다 갈아보자'라는 구호를 내세웠는데, 이는 당시 유권자들 사이에서 상당한 반향을 불러일으켰다.

다. 민주당은 1956년 3월 29일 전당대회를 열고 대통령 후보에 신익희, 부통령 후보에 장면을 각각 지명했다. 한편, 3월 31일 '전국 진보당 추진 대표자 회의'는 창당에 앞서 대통령 후보에 조봉암, 부통령 후보에 신상일을 지명했다. 이로써 주요 정당의 정부통령 후보가 모두 정해졌다.

1956년 5월 15일로 예정된 정부통령 선거에서는 이승만의 장기집권과 헌정 유린에 대한 국민의 불만과 피로감이 강하게 나타나기 시작했다. 민주당이 선거운동 구호로 내세운 '못 살겠다 갈아보자'는 상당한 반향을 불러왔다.[6] 5월 3일 한강 백사장에서 열린 신익희의 유세에는 엄청난 인파가 몰리기도 했다. 주요 일간지는 20~30만 명이 한강 백사장 유세에 운집했다고 보도했다.

그런데 선거 막판에 의외의 사건이 발생했다. 선거일을 불과 열흘 앞두고 민주당 대통령 후보인 신익희가 서거했다. 5월 5일 새벽 유세를 위해 익산으로 가던 호남선 열차 안에서 신익희가 심장마비로 급서한 것이다. 제1야당인 민주당 대통령 후보가 사망하면서 이제 야당의 주요 후보는 조봉암만 남게 되었다. 이승만의 손쉬운 승리가 예상되었다. 그러나 선거 결과는 그렇게 일방적이지만은 않았다.

선거 결과 이승만 대통령의 공식 득표율은 70%였지만, 사망한 신익희에 대한 무효표를 함께 계산하면 55.6%에 불과했다. 특히 서울의 경우에는 이승만의 득표율이 33.7%였던 반면, 거의 대다수가 신익희에 대한 지지표라고 할 수 있는 무효표의 비율은 46.7%로 나타났다. 죽은 신익희가 살아 있는 이승만을 앞서는 결과가 나타났다. 한편, 신익희의 죽음으로 사실상 유일한 야당 후보가 된 조봉암은 216만여 표를 얻었다. 서울과 대구를 비롯한 전국 주요 도시에서도 야당에 대한 지지율이 높게 나타났다.

서울에서 이승만은 20만여 표를 얻었는데, 무효표가 28만여 표였고, 조봉암은 약 12만 표 정도를 얻었다. 무효표와 조봉암의 표를 합하면 이승만이 얻은 득표의 두 배나 되었지만, 관의 개입이 용이하고 정치의식이 상대적으로 낮은 농촌 지역에서는 자유당이 크게 앞섰다.

한편, 부통령 선거에서는 큰 이변이 생겼다. 민주당의 장면 후보가 401만여 표를 얻어 380만여 표를 얻은 자유당의 이기붕을 누르고 부통령으로 당선된 것이다. 1956년 정부통령 선거는 이승만의 장기집권과 헌정 유린에 대한 국민의 불만이 매우 심각한 수준에 올랐다는 사실을 잘 보여 주었다.

이처럼 선거를 통해 드러난 민심의 이반離叛은 결국 오래가지 않아 권력의 변화로 이어지게 되었다. 이승만 집권의 종말은 4년 뒤인 1960년 3·15 부정 선거가 직접적인 계기가 되었지만, 그 이전인 1956년 대통령 선거 결과에서도 이미 민심이 이반하고 있음을 보였다. 뒤에서 다시 논의하겠지만, 박정희 정권의 몰락 1년 전의 총선에서도 야당이 득표율에서 여당을 앞섰고, 전두환 정권 몰락의 계기 역시 1985년 2·12 총선에서 신한민주당의 돌풍이었다. 한국 국민의 민주화에 대한 열망은 거리로 뛰쳐나가기 이전에, 이미 투표장을 통해서 준엄한 경고가 주어지곤 했던 것이다.

재집권에 성공하기는 했지만, 1956년 정부통령 선거는 이승만 대통령과 자유당에 매우 큰 충격을 주었다. 특히 이기붕과 자유당 주요 간부의 충격은 더욱 컸다. 1956년 당시 이승만의 나이는 81세였다. 노령의 대통령을 둔 상황에서 부통령 선거에서의 충격적인 패배는 자유당으로서는 불안감을 가질 수밖에 없었다. 사사오입 개헌 당시 대통령의 궐위闕位 시에는 부통령이 권좌를 이어받는 것으로 규정해 두었기 때문에, 노령의 대통령이 사망한다면 권력은 민주당으로 넘어가게 되는 것이었다. 이런 불안감이 결국 부통령 장면에 대한 저격 사건으로 이어졌다.

장면이 부통령으로 취임한 지 한 달쯤 지난 9월 28일 민주당은 전당대회를 개최했다. 전당대회에서는 조병옥을 대표최고위원으로 선출하고 장면, 곽상훈, 박순천, 백남훈을 최고위원으로 선출했다. 장면 부통령이 연설을 마치고 단상에서 내려와 밖으로 나가려는 순간 총격이 가해졌다. 다행히 총탄은 왼손을 스치고 지나가서 생명에는 지장이 없었다.

범인은 경찰이었다. 4·19 혁명 이후에 재조사를 통해 자유당의 고위 간부가 내무부장관을 통해 암살 지시를 내린 사실이 드러났다. 장면 제거에는 실패했지만, 다가올 1960년 정부통령 선거에서 승리하기 위해 이기붕을 비롯한 자유당 일파는 보다 노골적으로 부정 선거를 획책하고 경찰 등 국가권력이 선거에 적극 개입하도록 했다. 이는 결국 독재에 대한 분노와 민주주의를 향한 염원을 자극했고, 이승만 정권과 자유당의 몰락으로 이어졌다.

1960년 3·15 부정 선거 이전에도 자유당의 부정 선거는 상상을 초월했다. 1956년에 두 번째 지방선거가 실시되었다. 8월 8일에 시·읍·면 단체장과 의회 의원 선거를, 8월 13일에는 서울특별시, 도 의원 선거를 나누어 치르게 되어 있었다. 지방선거일이 결정되자 야당 입후보 예정자들에 대한 경찰의 노골적인 탄압이 시작되었다. 경찰은 '경범죄 처벌법'을 최대한 활용했다. 경범죄로 걸리면 11~25일간의 구류 처분을 받아야 하는데, 이를 활용하여 야당 후보가 후보 등록 기간에 제대로 등록할 수 없도록 했다.

경범죄는 다양한 항목이 포함되어 있었다. 쓰레기 치우기, 문패 달기, 야간 통금 등에 대한 위반이 모두 해당되었다. 이러한 갖가지 경범죄로 검거된 인원이 선거 초반인 7월 1일부터 20일까지 3,558명이나 되었다. 이 중 상당수가 선거와 관계 있는 경우였다. 한 국회의원은 자유당에는 무법無法과 불법不法과 유시법諭示法[7]의 3법 밖에 없다고 비꼬면서 다음과 같이 말했다.

> 경범죄 처벌법이 요렇게도 대단한 법인 줄은 미처 알지 못했습니다. 야밤에 집 앞에다 쓰레기를 버려 놓고 새벽같이 찾아와서는 청소 불결이라는 죄목으로 구류 처분을 하지 않나, 밤 사이에 단단히 붙여 놓은 문패를 떼어버리고는 문패가 없으니 구류 처분이라고 집어 넣지를 않나, 형사들이 술을 사달라고 졸라서 술을 사주었더니 밤 12시가 되도록 나가지를 못하게 해놓고 12시가 지나 집으로 가려고 한즉 통금위반이라고 집어 넣지를 않나.
>
> 《한국일보》(1956. 7. 17.)

이 신문기사는 경찰이 경범죄를 통해 야당 후보를 어느 정도 방해했는지를 잘 보여준다. 더욱이 등록 서류를 강탈하는 등 매우 노골적인 출마 방해도 적지 않았다. 오죽하면 7월 23일 야당 의원들이 '지방의회

의원 및 시·읍·면장 선거 임시조치법안'을 제출하여 출마의 기회를 잃은 이들에게 선거 등록의 기회를 주고자 했으나, 자유당은 이 법안의 상정을 막았다. 이에 7월 26일에는 장택상을 위원장으로 하는 '국민주권옹호 투쟁위원회'가 결성되었고, 야당 국회의원들은 관권 개입에 반대하는 가두연좌시위街頭連坐示威까지 벌였다. 이는 헌정 사상 국회의원의 첫 시위였다.[8]

이러한 야당의 저항에도 불구하고, 선거 결과는 자유당의 압승으로 끝났다. 더구나 이와 같은 노골적이고 광범위한 불법적인 관권 개입은 아직 정점에 달한 것이 아니었다.

1958년 초 이승만 정권은 북한과 내통하고, '평화통일'이라는 북한의 통일 주장에 동조했다는 이유로 진보당의 정당 등록을 취소하고 조봉암을 비롯한 진보당의 주요 간부를 구속했다. 초대 농림부장관으로 농지개혁을 이끌었고 두 차례 국회부의장을 역임한 조봉암은 1956년 대선에서 216만 표를 얻으며 이승만의 경쟁자로 떠올랐지만, 바로 그 이유 때문에 정치적 억압의 대상이 되었다. 조봉암은 석연치 않은 재판 절차를 거쳐 사형을 언도 받았고, 1959년 7월 31일에 사형에 처해졌다.[9]

진보당의 해산, 조봉암의 죽음과 함께 이후 한국 정치에서 혁신계 정당의 영향력은 사실상 사라지고 말았다. 민주당은 1956년 대선 이후 또 다른 경쟁 세력으로 떠오른 진보당의 해산과 조봉암의 죽음에 대해서 침묵으로 일관하며 방조하는 모습을 보였다.

이에 따라 1958년 총선은 보수 정당인 자유당과 민주당의 대결로 모아졌다. 민주당은 진보당이 사라지면서 사실상 유일한 야당이 되었다.

민주당은 1954년 총선 당시의 민국당보다 조직적으로 잘 갖춰져 있어서 233개 지역구 가운데 198개 지역구에 후보자를 내세웠다. 자유당에 전면적으로 맞설 수 있는 수준의 전국적인 조직력을 갖춘 야당이 처음으로 총선에 등장하게 된 것이었다.

그러나 야당과 무소속 후보자에 대한 선거 방해는 여전했다. 선거운동을 방해할 뿐만 아니라 테러가 자행되었고, 경찰과 공무원은 공공연하게 선거에 개입했다. 경찰의 위협으로 다수의 야당 후보가 후보 등록을 취소해야 했으며, 이에 따라 자유당 후보자의 17%가 단일 후보로 선거에 나설 수 있었다.[10]

다음 기사는 1958년 총선의 선거운동과 관련된 보도 내용으로, "몽둥이 선거는 지금 재연되고 있다"는 제목 아래 다음과 같이 선거운동의 모습을 기록하고 있다.

> 더도 말고 작일자昨日字 하루만의 신문지면을 어지럽게 하고 있는 선거 풍경만을 훑어보더라도 구역질이 날 지경이다. 청주 강연회 방해, 폭탄까지 투척되는 예산의 암흑 천지화, 부여의 야당선거위원 사퇴 강요, 이모 사단장, 이연천 서장, 백예산 서장, 이곤양 지서장 등의 선거 간섭 피소, 춘천의 집단소환, 청양의 합동정견 발표회 방해 등등을 비롯한 유출유괴愈出愈怪[11]의 사태가 도처에서 야기되고 있다. 특히 청주에서의 시국강연회인 즉, 백주에 경찰서와 불과 일백 미터 상거相距의 지점에서 개최되었던 것임에도 불구하고 수명의 괴한이 곤봉을 휘두르며 공공연히 난입하여서 수라장을 만들므로써 급기야 강연이 중단되었고 경찰관이

방관하는 눈앞에서 본지 기자 등 취재기자가 폭행을 당하고까지 있다.

지금 관권간섭, 폭력, 협박 등이 공공연하게 난무하고 있고, 또 유령 유권자, '리레'식 투표 공작[12]까지도 뒤섞여져 있는 선거 풍경은 우리의 정치적 후진성 만에 그 책임을 돌리기에는 너무나 그 도가 지나쳐서 아연할 뿐이다. 지금까지도 선거 양상에 불미한 사태가 결코 적지 않게 있기는 했지만 그것은 과거와는 달리 지능화되어서 음성적인 것이었다. 그러나 작금의 사태인 즉 흡사 '몽둥이 선거'를 재연하는 감이 있다.

《경향신문》(1958. 4. 30.)

이런 분위기 속에서 1958년 5월 2일 4차 민의원 선거가 실시되었다. 경찰 등 관권의 노골적인 개입에도 불구하고, 총선 결과는 자유당에게 또 한 번의 충격을 주었다. 선거 결과, 야당인 민주당에 대한 지지가 큰 폭으로 늘어났다. 1954년 3대 국회의원 선거와 비교하면, 무소속 후보들의 득표율은 47.9%에서 21.7%로 급감했다. 자유당의 득표율은 36.8%에서 42.1%로 5% 가량 늘어난 데 비해, 민주당의 득표율은 3대 총선에서 민국당이 얻은 7.9%에 비해 4배 이상 증가한 34%로 급증했다. 의석 수에서도 전체 의석 233석 중 자유당은 126석을 차지한 반면, 민주당은 79석을 얻었다. 3대 총선에서 민국당이 15석을 얻었음을 감안할 때 의석 수에서 민주당이 약진한 것이었다. 무소속은 68석에서 27석으로 수가 크게 줄었다. 1958년 민의원 선거는 자유당에 대한 국민의 불만이 심각한 수준이라는 사실을 다시금 확인시켜 주었다.

1958년 총선 결과에서 특히 주목해야 할 점은 도시 지역에서 자유당에 대한 외면과 야당에 대한 높은 지지였다. 이른바 '여촌야도與村野都' 현상이 이때부터 한국 선거에서 본격적으로 나타나기 시작했다. 민주당은 도시 지역 선거구 62곳 가운데 70%인 43곳에서 승리했다. 특히 서울 지역 선거구 16개 가운데 14개 선거구에서 승리했다. 그러나 농촌 지역 선거구 171곳 가운데 민주당은 21%에 해당하는 36석을 얻는 데 그쳤다. 교육 수준과 정치 의식이 상대적으로 높은 도시에서는 이승만 정권과 자유당에 대한 불만과 비판이 선거 당시 이미 심각한 수준이었음을 보여준다. 그러나 농촌 지역은 경찰과 공무원 등 관권의 개입에 많은 영향을 받았고, 권위에 복종하는 이른바 '준봉투표遵奉投票' 경향으로 인해 자유당에 대한 지지가 높았다.

잇따른 선거 결과는 민심이 이승만과 자유당에 등을 돌리기 시작했다는 사실을 보여주고 있었지만, 이승만과 자유당은 이미 권력에 눈이 멀어 있었다. 자유당은 여전히 수단과 방법을 가리지 않고 권력을 강화하고 연장하기 위한 불법적인 술책과 정치적 억압을 끊임없이 자행했다. 이는 몰락을 향한 폭주였다.

4 몰락을 향하여

민의원 선거 이후, 자유당은 그 결과를 보며 민심을 읽고 반성하기는커녕 언론에 재갈을 물리기 위한 강압적인 조치를 취하기 시작했다. 자유당은 1956년 정부통령 선거와 1958년 민의원 선거에서 나타난 지지 하락을 야당과 언론의 선동과 비판 때문으로 판단했다. 그것은 국가보안법 개정과《경향신문》폐간으로 나타났다.

국가보안법은 1948년에 이미 입법화되어 있었다. 그런데 1958년 8월 5일 자유당은 기존 국가보안법이 북한의 대남 공작을 막는 데 미비한 점이 많기 때문에 개정해야 한다며, 11월 8일 개정안을 국회에 제출했다. 개정안에는 보안법 적용 대상의 확대, 이적행위 개념의 확대, 군 정보기관의 간첩 수사에 대한 법적 근거 마련 등이 포함되었다. 또한 헌법 기관의 명예 훼손 행위에 대한 처벌 규정이 신설되었는데, 이는 대통령에 대한 비방과 비판을 막기 위한 조항이었다. 이뿐만 아니라 개정안에는 "공연히 허위의 사실을 허위인 줄 알면서 적시 또는 유포하거나, 사실을 고의로 왜곡하여 적시 또는 유포함으로써, 인심을 혹란케 하여 적을 이롭게 한 자는 5년 이하의 징역에 처한다"는 조항까지 새로 추가했다. 대통령이나 자유당 정권에 부정적·비판적인 기사는 국가보안법을 적용하여 처벌하겠다는 뜻을 보인 것이었다. 이러한 국가보안법 개정안이 알려지면서, 언론계는 물론 야당 및 법조계가 강하게 반발했다. 이들은 개정안을 언론 자유와 인권 보장을 침해하는 악법으로 규정했다.

그러나 자유당은 12월 2일 '반공투쟁위원회'를 구성하여 국가보안법 개정에 반대하는 행위를 용공容共으로 몰아갔다. 또다시 '반공'이라는 이름으로 자유와 인권을 억압하고자 했다. 이와 함께 자유당은 국가보안법 개정안에 대한 토론이 예정되어 있던 12월 19일 야당 의원들이 점심 식사를 하기 위해 자리를 비운 사이, 자유당 의원만으로 법사위원회에서 국가보안법 개정안을 3분 만에 날치기로 통과시켜 본회의에 전격 회부했다.

이 사실을 알게 된 민주당과 무소속 의원 80여 명이 격분하여 국회 본회의장에서 무기한 철야농성에 들어갔다. 원외에서는 여러 사회 세력들이 모여 12월 23일 '국가보안법 개악반대 국민대회 준비위원회'를 결성했다. 그러나 그 다음날인 12월 24일 자유당의 한희석 국회부의장이 경호권을 행사하여, 300여 명의 무술 경위들로 하여금 농성 의원들을 국회로부터 강제로 끌어냈다. 그리고 자유당만의 단독 국회를 통해 국가보안법 개정안을 통과시켰다. '2·4 정치 파동'으로 불리는 국가보안법 개정은 이렇게 처리되었다. 이러한 조치에 항의하여 미국은 주한미국대사 다울링Walter C. Dowling을 본국으로 소환하기까지 했다.

이때 날치기로 함께 통과된 법령 중에 주목할 만한 또 다른 것은 지방자치법 개정안이었다. 1956년 2월에 개정된 지방자치법에서는 시·읍·면장을 선거를 통해 선출하도록 했는데, 국가보안법과 함께 통과된 개정안은 이를 다시 임명제로 돌려놓는 것이었다. 1956년 정부통령 선거 이후 각종 선거에서 나타나는 민심의 이반 때문에 선거를 통해서는 지방 조직을 장악할 수 없다는 판단을 한 것이다. 자유당으로서는 다가올 1960년 정부통령 선거를 위해서는 지방행정조직을 제대로 장악하는 것이 무엇보다도 중요했다.

날치기로 국가보안법 개정안을 통과시킨 이듬해에 언론 탄압 사건이 발생했다. 이승만 정권은 1959년 4월 30일《경향신문》에 폐간 명령을 내렸다.《경향신문》을 폐간시킨 직접적인 계기는 고정 칼럼란인 '여적餘滴'의 글 때문이었다. 이 글은 당시《경향신문》에 번역되어 실리고 있던 허멘스Ferdinand A. Hermens의 글을 논평하는 내용이었다. 그 전문을 옮기면 다음과 같다.

> 허멘스 교수에 의하면 〈다수결의 폭정〉이란 글이 본보 석간에 역재譯載되고 있거니와 동씨同氏의 논거에 의하면, '다수결의 폭정'이라는 것은 있을 수 없다는 것이다. 아마도 이 학설을 보는 한국의 다수당多數黨은 아전인수로 해석하려고 달려들 것 같으나, 자세히 보면 동씨의 주장 속에는 하나의 커다란 전제조건이 있다. 그것은 즉 '인민이 성숙되어 있어서 자기 스스로 행동할 수 있다는 것을 전제로 하고 있다'는 것이요, 바꾸어 말하면 '어제는 다수당을 지지하여 그에게 권력을 준 투표자도 내

일은 그것을 버리고 그를 소수자로 전락시킬지도 모르며, 당파에 속하지 않는 투표자도 만일 부정행위가 있다고 생각하면 재빨리 다수당을 소수당으로 떨어뜨릴 것이라'는 것이다.

문제는 그처럼 투표자가 자유로이 자기의사를 행사할 수 있는가에 달렸다. 만일 투표자가 이떤 권력에 눌려서 그 의사를 맘대로 행사할 수 없는 환경이라고 한다면 허멘스 교수의 다수결 원칙은 근거가 와붕瓦崩되고 마는 것이다. 인민이 성숙되지 못하고 또 그 미성숙사태를 이용하여 가장假裝된 다수가 출현된다면 그것은 두말없이 '폭정'이라고 할 수밖에 없는 것이니 이런 논점은 허멘스 씨의 견지에서 본다면 전혀 별개의 문제라고 할터이지. 그렇기 때문에 동씨는 '질서 있는 다수당'이라든가 '진정한 다수의 지배'라는 용어를 쓰고 있으니 말하자면 가장된 다수의 폭정은 실상인즉 틀림없는 '소수의 폭정'이라고 단정할 것이 아닌가.

한국의 현실을 논하자면 다수결의 원칙이 관용, 아량, 설득에 기초한다는 정치학적 논리가 문제가 아닌 것이요, 선거가 올바로 되느냐 못되느냐의 원시적原始的 요건부터 따져야 할 것이다. 물론 '진정한 다수'라는 것이 선거로만 표시되는 것은 아니다. 선거가 진정 다수 결정에 무능력할 때는 결론으로는 또 한 가지 폭력에 의한 진정 다수결정이라는 것이 있을 수 있는 것이요, 그것을 가리켜 혁명이라고 할 것이다. 그렇다면 가장된 다수라는 것은 조만간 진정한 다수로 선환되는 것이 역사의 원칙일 것이니 오늘날 한국의 위기의 본질을 대국적으로 파악하는 출발점이 여기 있지 않을까.

《경향신문》(1959. 2. 4.)

이 내용을 내란선동이라고 할 수 있을까? 이 글이 나온 후에 이승만 정권은 즉각적이고 강경하게 대응했다. 경찰은 글이 게재된 당일 오후에《경향신문》편집국장을 연행하여 8시간에 걸친 강도 높은 조사를 했으며, 신문사에 대한 압수수색도 했다. 경찰은 2월 17일 '여적' 필자인 주요한에 대한 구속영장을 신청했지만 법원은 이를 기각했다.

한편, 이 사건을 송치 받은 서울중앙지방검찰청은 주요한 논설위원과 한창우 사장을 내란선동 및 출판물에 의한 명예훼손 혐의로 불구속 기소했다. '여적'은 내란선동으로, 또 다른 기사인 '정부와 여당의 지리멸렬 상: 책임져야 할 사람은 책임져라'(1959. 1. 11. 석간)는 이기붕과 스코필드Frank W. Scofield의 명예를 훼손한 혐의로 기소되었다. 또한 남파 간첩 체포 기사가 간첩의 도피를 방조했다는 이유로《경향신문》법조 출입 기자와 서울지방경찰청 출입 기자를 국가보안법 위반으로 구속했다. 마침내 4월 30일에는《경향신문》에 대한 폐간 결정을 내렸다.

흥미롭게도 폐간 처분의 근거는 미군정기에 마련된 군정 법령 제88호였는데, 제4조에 신문, 기타 정기 간행물에 법률 위반 등의 사유가 있을 경우에는 발행 허가를 취소하거나 정지할 수 있다고 되어 있었다. 이승만 정권이《경향신문》에 대한 폐간 이유로 내세운 명분은 다음의 다섯 가지였다.

첫째, 1959년 1월 11일자 '정부와 여당의 지리멸렬 상'이라는 제목의 사설에서 스코필드와 이기붕 국회의장 간의 면담 사실을 '책임져야 할 사람은 책임져라'는 격렬한 표현으로 날조, 허위사실을 유포했다. 둘째, 그해 2월 4일자 단평 '여적'란을 통해 헌법에 규정된 선거제도를 부정함과 아울러 국헌을 문란케 할 목적으로 폭동을 선동했다. 셋째, 같은 달 15일자 '홍천 모 사단장의 휘발유 부정처분' 허위보도로 군의 위신을 손상시켰다. 넷째, 4월 3일자 보도에서는 '북괴 간첩하 모의 체포' 기사를 미리 보도하여 공범자들의 도주를 방조했다. 다섯째, 4월 15일자에서는 이승만 대통령의 기자 회견을 다룬 '국가보안법 개정도 반대' 기사에서 허위 보도를 하는 등 오보를 일삼아 국익을 해쳤다는 것이다.

이러한 정부 측의 폐간 이유를 보면 결국 이승만 정권에 비판적인 기사를 게재했기 때문이라는 사실을 알 수 있다. 《경향신문》의 폐간 조치에 대해 국내외에서 비판이 이어졌다. 심지어 다울링 주한미국대사조차 "군정 법령 제88호는 1946년 당시 한국의 치안을 위협하던 공산주의자들의 파괴 선전을 막으려는 것이었으며 언론에 대한 탄압이 언론의 과오를 바로잡는 방책은 되지 못한나"고 비난했다. 한편, AP통신은 5월 17일 서울발로 다음과 같이 보도했다. "이번 폐간 조치는 내년(1960년 정부통령) 선거에서 이승만 대통령이 이끄는 자유당이 승리하기 위해서 취해졌으며, 자유당은 언론의 비판을 침묵시키는 등 가혹한 수단만이 1960년 선거 승리의 길이라고 믿고 있다."[13]

《경향신문》 폐간이라는 극단적 조치를 취한 것은 1956년의 정부통령 선거, 장면 부통령 저격 사건, 보안법 파동의 사건에 대해 《경향신문》이 신랄하게 이승만 정권을 비판하는 기사를 게재해 온 것에 대한 보복이었다. 더욱이 《경향신문》은 가톨릭재단이 지원하는 언론사였다. 이 때문에 가톨릭계인 장면 부통령을 지원하고 있다고 보았다.

이승만 정권의 이러한 탄압에 맞서 《경향신문》은 행정소송을 제기했고, 서울고등법원은 6월 26일 가처분신청을 받아들여 신문을 발행할 수 있도록 했다. 그러자 이승만 정권은 폐간 처분을 철회하는 대신 무기한 발행정지 처분을 내렸다. 《경향신문》은 6월 28일 다시 고등법원에 행정소송을 냈으나 패소했다. 《경향신문》은 대법원에 항고하는 동시에 미군정 법령 제88호에 대한 위헌소송을 제기했다. 1960년 2월 대법원은 이 사건을 헌법위원회에 제청하기로 결정했다. 그러나 대법원의 확정 판결이 있기 전에 4·19 혁명이 일어났고, 4월 26일 대법원은 《경향신문》에 대한 발행정지를 무효화하는 결정을 내렸다. 《경향신문》은 폐간된 지 361일 만인 1960년 4월 27일자 조간부터 복간되었다.

《경향신문》 폐간 사건은 자유당 정권하에서 이뤄진 최대의 언론 탄압 사건이었다. 정부에 비판적인 글을 게재했다고 해서 기자를 구속시키고 더 나아가 신문사를 아예 폐간시키는 극단적인 방법으로 표현의 자유와 언론의 자유를 탄압한 것이었다. 그러나 수단과 방법을 가리지 않는 자유당 정권의 억압은 민주주의에 대한 국민의 여망輿望을 더욱 절박하게 만들었다. 이승만 정권과 자유당은 몰락을 향해 달려가고 있었다.

5 3·15 부정 선거와 4·19 혁명

1960년 3월의 정부통령 선거를 1년 앞두고 이승만 대통령은 1959년 3월 5개 부서의 장관을 교체했다. 다가올 선거를 의식한 인선人選이었다. 새로 임명된 장관 중에 주목할 인물은 선거 주무 부서인 내무부의 최인규였다. 그는 취임부터 노골적으로 공무원의 선거 개입을 촉구했다. 최인규는 취임사에서 "경찰관은 선거에 간섭해서는 안 되나…… 공무원과 공무원 가족은 대통령과 정부의 업적을 국민에게 찬양, 선전하여야 하며, 이 같은 일이 싫은 공무원은 그 자리에 있을 필요가 없다…… 공무원이 집무 시간 외에 선거운동을 하는 경우 대통령 선거법이나 공무원법에 저촉되지 않는다"고 말하면서, 다가올 정부통령 선거에서 공무원의 선거 개입을 공개적이고 노골적으로 지시했다.[14]

한편, 자유당은 조기에 정부통령 후보를 선출했다. 선거 9개월여 전인 1959년 6월 29일 전당대회를 개최하여 이승만을 대통령 후보로, 이기붕을 부통령 후보로 확정했다. 자유당의 정부통령 후보가 확정된 만큼 이제 선거까지 남은 기간 동안 이승만과 이기붕을 당선시키기 위해 모든 수단과 방법을 다 동원해야 했다. 자유당뿐만 아니라 외곽조직도 강화했다.

1959년 1월에는 이승만을 총재로, 이기붕을 부총재로 하는 대한반공청년단을 발족시켰다. 그리고 그해 8월에는 대한멸공단, 반공청년회 등 유사한 성격의 기존 9개 단체를 대한반공청년단으로 흡수하여 조직을 확대·재편했다. 이들은 '우리 전 단원은 이승만 각하와 서민 정치가 이기붕 선생을 정부통령으로 선출하기 위하여 엄숙히 약속한다'는 서약을 하도록 했다.[15] 이 조직이 이승만, 이기붕을 지원하기 위한 조직이라는 것을 알 수 있다. 이들 중에는 정치 깡패도 적지 않았으며, 이들은 경찰의 비호를 받으면서 야당의 집회 등에 폭력을 행사하며 선거운동을 방해했다.

한편 내무부장관 최인규는 1959년 11월부터 1960년 2월까지 전국의 시장·군수·구청장과 각 시도의 경찰국장·사찰과장·경찰서장 등 경찰 간부들을 지역별로 10~20명씩 내무부로 불러 '부정 선거 교육'을 시켰다. 내무부장관이 진두지휘한 부정 선거 방식은 실로 다양했다. 1960년 《동아일보》(1960. 3. 4.)는 한 공무원이 제보하여 민주당이 입수한 이승만 정부의 부정 선거 지침을 보도했다. 그 신문 내용의 일부를 보면 다음과 같다.[16]

> 민주당이 중앙선거위원회에 제시하면서 일반 공개 폭로한 부정 선거 방법의 정보 내용은 어마어마한 것으로

▲ 제1안으로서는 총 유권자 수의 4할을 미리 자유당 후보자에게 찍어 놓았다가 투표 당일 새벽 3시경에 반공청년단과 자유당원으로 투표장 백미百米(100미터) 주위를 경비케 한 후 투표 시작 전인 상호 6시 50분 경에 일제히 자유당계 투표구 위원만이 입회한 가운데 투표함에 투입시킨 후 7시부터 나머지를 공개 투표하되, 경찰에서 조직해 둔 9인 조를 매수 또는 위협하여 자유당 후보에 찍도록 할 것

▲ 만일 이 계획이 누설되면 제2안으로 투표함 운반 도중 환표煥票로서 보충할 것

▲ 제1, 2안이 좌절되면 미리 조작해 둔 표로서 환표하여 충당할 것

▲ 이 방법을 감행하는데 야당위원이나 참관인의 방지를 막기 위하여는 유혈극까지도 실행할 것

▲ 사전포섭요령으로는 구 진보당원, 족청계열, 국군 하사관 언론 기관 각종 요시찰인 및 월북자 가족 등을 포섭 대상으로 하고 금전 이권 위협 회유와 공직 및 기간단체 중요 부서에 임명한다는 것으로 포섭할 것

▲ 경찰은 전 경찰력을 선거에 투입하고 비협조 공무원을 숙정하며 전직 경찰관을 동방리장洞坊里長에 임명하여 선거반을 편성할 것

▲ 야당의 선거 자금 유입을 철저히 방지하기 위하여 외국 공관 및 외국 정보기관원 동향을 사찰할 것

▲ 야당운동원에 대한 행동 억제를 위하여 경찰관의 근접 감시 정보원의 미행 자유당원 및 반공청년단원을 통한 미행 일가친척 친우를 통한 충고와 감시

▲ 투표소는 입구를 한 개로 하고 완장부대 삼백 명과 행동대 이십 명이 투표를 확보하고 경찰관이 외인 출입은 억제할 것

▲ 4할 사전투표에 실패할 시는 5매씩 넣되 참관인이 보아도 배짱을 부릴 것

▲ 야당 선거위원과 참관인에 술을 권하되 술과 물에 수면제를 넣어서 자게 할 것

▲ 야당 참관인이 깡통에 소변을 하거나 또는 투표소 내에서 식사를 하면 여당 참관인으로 하여금 따귀를 때리게 하여 쌍방을 모두 쫓아낼 것

▲ 야당 선거위원은 투표소에 사전 입장을 못하게 한다. 선거위원장이 오기 선에는 못 들어온다고 하여 입장을 시키지 말 것

▲ 야당계 민의원, 신문기자, 외국인감시단원 등의 투표소 출입을 금지 또는 제한할 것

등의 방법을 세밀히 예시하고 있다.

이와 함께 게재된 구체적인 부정 선거 계획의 내용을 일부 살펴보면 다음과 같다.

- 전 경찰관 사표 제출(국장 포함)하라.
- 선거인 명부 작성에 있어서 1할 내지 1할 5분의 유령 선거인 명부를 작성하라.

1. 자연 기권 1할 활용

2. 권유 기권분 3할 활용

(성명 오기, 번호표 미교부, 번호표를 가진 반장의 행방불명 등으로)

3. 잔표 4할은 공개투표(완장부대 3인조 내지 9인조에 의존함)

- 투표소는 투표 불편한 장소를 선택하라.
- 투표소 주위에 전위대와 완장부대를 배치하여 주위 분위기를 완전 제압하라.
- 민주당 참관인, 선거위원의 매수가 불가능할 시는 직계 가족의 사망 전보를 쳐서 귀가토록 하라.
- 야당 극렬분자는 공공연히 접근 혹은 내통했다는 것을 암암리에 선전함으로써 동일계열로부터 친경분자親警分子로 의심을 사게 하여 자가도태自家淘汰토록 할 것.
- 타 행정기관에서는 선거는 경찰만이 관여한다는 관념을 가진 듯하니 각 기관과 협력하여 각 기관별로 대책을 수립 실천토록 할 것.
- 경찰에서는 사찰査察에만 일임一任치 말고 전 경찰력을 투입할 것.

이와 함께 부정 득표 계획이라는 것도 작성했다.

(가) 선거인 명부작성 시 전기류자(이전에 살았던 사람)와 전거자(이전에 이사를 한 사람) 등을 추려 유령 유권자 1할 명부를 작성한다. 이상 유령자선거인명부를 작성함에 있어서 별도로 명부를 작성하거나 이는 수단껏 한다. 즉 이중명부를 작성하는 것이다.

(나) 유령 유권자를 무한량으로 느릴 수 없기 때문에 현거자(현재 거주자)

東亞日報

警察官및公務員에指令된

不正選擧敢行方法

民主黨發表

幽靈有權者造作

投票場에는與黨委員만立會

자유당 부정 선거 계획을 폭로한 신문기사(《동아일보》 1960. 3. 4.)

중 1할을 명부에서 누락시키되 야당인을 누락시키면 문제가 되니 불평분자 또는 노쇠자 등 기권 가능자 등 유권자 중 1할을 누락시킨다.

(다) 투표는 자연부락 단위로 시간제 투표를 하게 하여 투표 지연작전을 쓰게 하여 기권 공작을 이완한다.

(라) 자연 기권 1할을 계산한다.

(마) 투표일 10분 전에 투표구위원 과반수가 시계를 10분 더 가게 하고 4할 무데기 표를 한다.

동 아 일 보 The Dong-A Ilbo 二版

民主黨,「政府의選擧方法指令」全貌暴露

投票開始前에 四割을무더기投入

三人組·九人組를活用

六割은公開投票로록

發覺되면投票函運搬中에換票

"選擇의自由일뿐"

崔內務·李局長談話反駁

中央選委에是正要求

歲入은千

60年「充實」豫算

(바) 일반투표는 3인조 또는 9인조로 편성한 투표조를 편성하여(투표조 명부는 지서에 비치한다) 투표일 시간제 투표로 투표를 하되 3인조 중 공개투표를 하고 투표시 투표구원원장에 제시한 후 투표함에 넣는다.

(사) 투표소는 될 수 있으면 울타리가 넓은 학교로 정하고 투표소로부터 100미터 기산은 울타리부터 100미터를 기산한다. 투표소에서 무슨 일을 하던 간에 외부에서 모르도록 함이다.

(아) 투표소 100미터 확보는 자유당 완장을 두른 300명과 행동부대 20명이 확보하고 완장부대가 자유당이 우세함을 시위한다.

(자) 투표자는 4할 무데기 표를 넣기 위한 결사대 2명을 선출하고 2명의 결사대에는 기만환의 보수를 준다.…….

(차) 선거인 명부 작성시 이중등록 1할 누락자(야당계)를 넣어 작성하고 투표조 순서대로 3인조 9인조씩 서열로 작성한다. 투표조 별부 투표시 야당의 새치기를 방지한다.…… 등이다.

여기서 '4할 무데기 표'는 자연 기권자, 조작 기권자, 매수 기권자, 전출자, 노쇠자 등 투표에 참여하지 않을 만한 유권자를 4할, 곧 40%로 책정하고, 이만큼의 표를 이승만·이기붕 표로 조작하여 무더기로 투표함에 넣는다는 것을 의미했다. 또한 '3인조', '9인조' 투표조는 자유당원, 경찰관, 공무원과 이들의 가족, 그리고 매수자가 조장이 되어 공개투표로 자유당 후보를 찍도록 한다는 것이었다. 이처럼 상상할 수 없는 수준으로 부정 선거를 위한 준비가 정부와 자유당 차원에서 이뤄지고 있었다.

그러나 민주당은 정부통령 후보 선출을 두고 신파와 구파 간에 심각한 내홍內訌을 겪고 있었다. 구파는 조병옥, 신파는 장면을 각각 대통령 후보로 밀었다. 이들 계파 간 갈등은 심각한 수준으로 악화되었다. 파벌 갈등 해소를 위한 '당분규수습 10인위원회'가 별도로 구성되어야 했다. 후일 제2공화국에서 터져나온 민주당 정부 내의 신·구파 간의 갈등은 이때부터 시작되고 있었다. 민주당의 정부통령 후보 선출은 1959년 11월 26일이 되어서 가능했다. 이날 후보지명대회에서 표결 끝에 조병옥을 대통령 후보로, 장면을 부통령 후보로 각각 선출했다. 그러나 계파 간 갈등의 후유증은 적지 않았다.

이승만 대통령은 1959년 12월 민주당의 내홍을 이용하기 위하여 정부통령 선거일을 3월로 앞당기기로 했다. 농번기를 피한다는 것이 명분이었다. 그 이전까지의 선거일은 대체로 5월이었다. 그런데 민주당의 대통령 후보였던 조병옥이 병세가 악화되어 1960년 1월 29일 치료를 위해 미국으로 떠났다. 야당 후보가 선거운동을 할 수 없게 된 상황에서 3월로 앞당겨진 선거는 이승만에게 더욱 유리했다. 2월 3일 이승만 정부는 정부통령 선거일을 3월 15일로 공고했다.

선거운동이 본격화되면서 그동안 준비해 온 이승만 정부와 자유당의 부정 선거 계획이 본격적으로 실천되었다. 경찰은 집회의 사전 신고, 사전 허가제를 악용해서 야당 집회를 원천 봉쇄했다. 반공청년단은 야당 세력에 대한 폭력과 테러를 감행했다. 이런 상황에서 선거판을 뒤흔드는 사건이 발생했다. 민주당 대통령 후보인 조병옥이 미국에서 수술을 받던 중 2월 15일 사망한 것이다. 민주당은 이미 정부통령 후보 등록을 마친 상황이었고, 새로운 후보로의 교체는 받아들여지지 않았다. 이제 이승만 대통령이 단독 출마한 상황이 되었다.

이승만의 당선은 사실상 확정되었지만, 부통령 선거 결과는 여전히 알 수 없었다. 1956년 정부통령 선거 때 이기붕은 장면에게 패해 부통령 자리를 내주었던 뼈아픈 기억이 있었다. 1960년 당시 이승만 대통령의 나이는 85세였다. 대통령이 노령인 상황에서 또다시 부통령 자리를 야당에게 내준다는 것은 권력을 야당에게 통째로 넘길 가능성이 높다는 것을 의미했다. 자유당으로서는 절대 되풀이해서는 안 될 실수였다.

3월 15일 선거일이 되었다. 자유당과 이승만 정권은 사전에 준비한 대로 대리투표, 사전투표, 3인조 공개투표 등 부정 선거를 노골적으로 행했다. 경찰뿐만 아니라 반공청년단에 의한 폭력과 억압으로 공포 분위기가 조성되었다. 민주당 선거 참관인은 곳곳의 투표장에서 내쫓겼다. 선거 당일 헌병을 동원해 교통 정리를 시키고 정사복 경찰관을 각 투표소에 배치해 공포 분위기를 조장했다. 유령 유권자의 조작, 야당 참관인의 접수 거부, 기권 강요와 대리투표, 투표 개시 전 무더기 표 투입, 내통식 기표소 설치, 3인조 강제 편성 투표, 공개 투표 강요 등 온갖 부정과 불법을 자행한 선거였다. 투표와 개표 과정에서도 야당 참관인과 당원들에 대한 경찰의 폭력이 수없이 발생했다.[17]

자유당의 노골적인 부정 선거가 너무나 심각한 수준이었기 때문에, 민주당은 선거가 종료되기도 전인 오후 4시 30분에 3·15 선거는 불법이기 때문에 무효라는 공식 선언을 했다. 선거가 진행되는 도중에 야당이 선거 무효를 선언해야 하는 수준의 불법이 횡행한 부정 선거였다. 그러나 선거는 자유당에 의해 일방적으로 계속 진행되었다.

선거 결과 이승만은 유효 투표의 88.7%에 해당하는 966만여 표를 얻었다. 그리고 관심의 초점이었던 부통령 선거에서도 이기붕은 유효 투표의 79%인 833만여 표를 얻었다. 민주당의 장면은 184만여 표를 얻은 것으로 발표되었다. 그러나 이러한 선거 결과는 믿을 수 없는 것이었다.

일부 지역의 개표 상황을 보면서 이승만 정부 관계자들은 혹시 자유당 후보의 득표율이 95% 또는 97%를 넘지 않을까 걱정할 정도였으며, 일부 선거구에서는 이승만, 이기붕에 대한 득표가 투표자 수보다 많은 경우까지 나타났다. 이 때문에 최인규 내무부장관, 이강학 치안국장 등은 개표를 지켜보다 한밤중에 이승만은 80%, 이기붕은 70~75% 선으로 득표율을 조정하라는 지시를 내리기까지 했다.[18] 이승만 정권의 이러한 노골적이고 광범위한 부정 선거 시도에 대한 국민의 분노가 터져 나오기 시작했다. 공정하고 자유로운 선거라는 자유민주주의의 원칙을 훼손하고 왜곡하는 불의의 권력에 대한 거대한 저항이 시작된 것이었다.

3·15 부정 선거에 대한 저항은 투표일 이전인 2월 28일 대구에서 먼저 발생했다. 일요일인 그날은 민주당 장면 부통령 후보의 대구 유세가 예정되어 있었다. 그런데 대구 시내 각 학교에 등교 지시가 내려졌고, 이유를 알아챈 학생들은 이에 항거했다. 경북고등학교 학생들이 28일 오후 '학원을 정치 도구화하지 말라' 등의 구호를 외치며 대구 시내로 진출했고, 이어 대구고, 경북여고, 경북대학교 사대부고 학생들이 이에 동참했다. 많은 수의 학생들이 연행되어 갔으나 경찰은 민심을 자극할 것을 우려하여 모두 석방했다. 3월 2일 이강학 치안국장은 대구 학생들의 시위에 대해 '학생들이 북한에 이용당하고 있다'고 말하며, 또다시 전가傳家의 보도寶刀처럼 활용해 온 '반공'으로 반대를 억누르려고 했다. 그러나 이승만 정권에 대한 국민적 분노는 이미 한계점을 넘어서고 있었다. 이후 전국 각지에서 고등학생들이 중심이 된 시위가 계속 이어졌다.

3월 15일 선거일에는 마산에서 부정 선거에 항의하는 시위가 발생했다. 마산의 민주당 시당市黨 간부들은 자유당의 노골적인 부정 선거에 항의하며 오전 10시 30분에 이미 선거 무효를 선언하고 이를 규탄하는 시위에 나섰다. 그날 저녁 마산에서는 1만여 명에 달하는 시위대가 부정 선거를 규탄하고 선거 무효를 요구하며 시위를 벌이고 있었다. 그런데 경찰이 시위대에 발포하여 9명이 죽고 수십 명이 부상을 당했다.[19] 경찰의 발포로 시위는 격화되었고, 200명 이상이 경찰에 연행되어 폭행과 고문을 당했다. 경찰의 진압으로 시위는 한동안 잠잠해졌다. 그러나 많은 사상자가 발생한 만큼 마산 시민들의 분노는 더욱 커졌다. 이승만 대통령은 최인규 내무부장관과 현지 경찰 책임자를 교체하고 구속자 일부를 석방하는 방식으로 사건을 마무리 지으려고 했다.

그런데 4월 11일 그동안 행방이 분명치 않았던 마산상고 학생 김주열이 눈에 최루탄이 박힌 처참한 모습의 시체로 마산 앞바다에 떠올랐다. 이 사건은 언론을 통해 대서특필되었다. 마산에서는 다시 시위가 격화되었다. 제2차 마산 시위가 시작된 것이었다. 3만 명 가량의 시위대가 김주열의 죽음에 항의하는 시위를 벌이는 가운데 경찰의 발포로 또다시 3명이 사망했다. 이 시위는 사흘 동안 계속되었다. 그러나 이승만은 여전히 '반공'으로 저항을 억누르려고 했다. 4월 13일 이승만 정부는 내무부, 법무부, 국방부로 '대공3부 합동수사위원회'를 구성하여 "적색분자들의 준동 혐의를 과학적으로 수사할 방침"이라고 발표했고, 이승만은 15일 직접 담화를 발표하여 마산 시위가 "공산주의자들에 의해 고무되고 조정된 것"이라고 비판했다. 그러나 이제 이승만 정권에 대한 저항은 마산을 넘어 전국적으로 번지기 시작했다. 저항의 불길이 본격적으로 치솟았다.

4월 18일에는 고려대학교 학생들이 경찰의 학원 사찰 중지, 시위

4·18 고려대학교 학생 습격사건(서울 천일백화점 앞)

중 구속된 학생들의 석방, 정부통령 재선거를 요구하며 국회의사당 앞에서 연좌농성을 벌였다. 그런데 이들이 시위를 마치고 학교로 돌아가는 중에 종로 4가에서 대한반공청년단 소속의 폭력배들에게 피습을 당하는 일이 발생했다. 대한반공청년단은 사실상 이승만 정권이 동원한 폭력조직이었다. 100여 명에 달하는 깡패들은 학생들을 무차별로 공격하여 20여 명이 중경상을 입었다. 이 사건은 학생들과 시민들을 격노하게 했고, 이러한 분노는 다음날인 4월 19일 마침내 대규모 시위로 이어졌다. 서울에서는 약 10만 명의 대학생, 시민, 고등학생이 거리로 쏟아져 나왔다. 이들은 '3·15 부정 선거 다시 하라', '1인 독재 물러가라', '이 대

4·19 혁명 당시 학생들의 시위

통령은 하야하라'고 외쳤다.

시위대 중 수천 명은 이승만 대통령의 집무실이 있는 경무대와 이기붕의 자택으로 향했다. 이에 경무대 경호관 곽영주가 시위대에 대한 발포를 명령했다. 경찰의 발포로 120명이 죽고 450명이 부상을 당했다. 발포에 격분한 시위대는 경찰서와 파출소, 반공청년단 본부, 자유당 본부, 친자유당 신문이었던 서울신문사를 공격하고 방화했다. 학생과 시민들의 반정부 시위는 서울뿐만 아니라 부산, 인천, 광주, 목포, 청주 등 전

국 각지에서 일어났다.

4월 19일 부산에서도 7만여 명이 시위에 참여했고 경찰서를 비롯하여 군정, 대한반공청년단 지부 등을 파괴했다. 이 과정에서 10명이 죽었고 80여 명이 부상을 입었다. 광주에서도 2만여 명이 시위를 벌였다. 4월 19일 하루에만 경찰의 무차별 발포로 서울에서 104명, 부산에서 19명, 광주에서 8명 등 전국적으로 186명이 사망하고 6,026명이 부상당했다.[20]

격노한 학생과 시민의 대규모 시위가 전국적으로 확산되면서, 이승만 대통령은 4월 19일 저녁 계엄령을 선포했다. 군을 통해 시위를 무력으로 진압하려고 한 것이었다. 육군 참모총장이었던 송요찬 중장이 서울 지구 계엄사령관으로 임명되었다. 그러나 군은 발포를 억제하며 사태 수습에 노력했다. 4월 19일 저녁에는 매카나기Walter P. McConaughy 미국대사가 경무대를 방문하여 수많은 사상자가 발생한 강압적 진압에 항의했고, 미 국무부 역시 한국대사를 초치招致하여 무력 진압에 대한 미국의 우려를 전달했다. 상황이 걷잡을 수 없이 심각해지면서 4월 21일에는 내각 전원과 자유당 당무위원 전원이 현 사태에 대한 책임을 지고 일괄 사표를 제출했다. 그러나 이승만은 여전히 심가성을 충분히 인식하지 못하고 있었다. 이승만은 현 사태에 대한 책임을 내각과 당에 물을 뿐 내가 아니라고 생각했다. 이승만은 시위 진압 과정에서 부상당한 두 명의 미국인에 대해서만 유감을 표시했다.

그러나 학생과 시민의 저항은 줄어들지 않았다. 시위대에는 학생들뿐만 아니라 일반 시민의 가담도 점차 크게 늘어났다. 사태가 이 지경에 이르자 이승만도 더 이상 '공산주의자의 선동'이라는 말을 하지 않았다.[21] 4월 23일에 이승만은 한 걸음 물러나 자유당 총재직에서 사퇴하고 계엄령도 해제하겠다고 밝혔다. 또한 이기붕을 모든 공직에서 물러나게 하며 부통령 재선거 실시도 고려하겠다는 입장을 밝혔지만 정작 이승만 본인은 물러날 생각이 없었다. 이승만은 자유당과 이기붕에게 부정 선거의 책임을 떠넘기면서 위기를 벗어나고자 했던 것이었다. 한편, 같은 날 장면은 이승만의 퇴임을 촉구하기 위하여 부통령직 사임을 결

4·19 혁명 때 교수들의 시위

정했다. 1954년에 개정된 헌법 규정은 대통령이 하야하면 부통령이 이어받도록 했다. 장면은 사임함으로써 이승만이 하야하더라도 민주당에 정권을 넘겨야 한다는 부담에서 벗어나도록 하기 위한 것이었다.

4월 25일에는 전국 27개 대학의 교수들이 혜화동에 있던 서울대학교 교수회관에 모여 부정 선거를 규탄하고 대학생들의 시위를 지지하며 국회의사당까지 행진했다. 400여 명의 교수들은 '학생의 피에 보답하라', '이 대통령은 즉시 물러가라', '3·15 선거를 규탄한다' 등의 플래카드를 들고 거리로 나섰다. 당시 한국 사회에서 최고 지성으로 존경을 받고 있던 교수들의 시위는 이승만 정권에 결정적인 타격이었다. 이제 이승만 정권에 대한 저항은 사회 각계각층으로 더욱 확산되었다.

이승만으로서도 더 이상 어찌할 수가 없었다. 4월 26일 매카나기 미국대사의 두 번째 방문을 받고, 이승만은 국민이 원한다면 대통령직에서 사임하겠다는 성명서를 발표했다. 이승만은 '국민이 원한다면 대통령직을 사임하겠다', '3·15 정부통령 선거에 많은 부정이 있었다 하니 선거를 다시 하도록 지시했다', '선거로 인연한 모든 불미스러운 것을 없게 하기 위하여 이미 이기붕 의장에게 공직에서 완전히 물러나도록 했다', '내가 이미 합의를 한 것이지만 만일 국민이 원한다면 내각책임제 개헌을 하겠다'는 4개 항을 라디오를 통해 발표했다. 그날 오후 국회는 이승만의 즉시 하야, 3·15 부정 선거의 무효와 재선거, 과도 내각하에서 내각책임제 개헌, 개헌 후 민의원 해산과 총선거 등 4개 항을 만장일치로 통과시켰다. 그 다음날 이승만은 대통령직에서 사임했다. 이승만은 경무대에서 나와 이화장梨花莊으로 옮겼다. 이틀 뒤인 4월 28일 이기붕 일가는 권총으로 자살했다. 4·19 혁명이 성공한 것이다.

4·19 혁명 중 이승만의 요청으로 외무장관이 된 허정이 과도 내각의 수반이 되었다. 이승만 대통령이 하야했고 다음 계승자인 장면 부통령도 이미 사임한 상황이었기 때문에 다음 서열인 외무장관이 그 역할을 맡게 된 것이다. 이승만 하야 후 시민들은 부정 선거 책임자에 대한 처단을 요구했다. 이에 따라 최인규 전 내무부장관, 이강학 전 치안국장, 한희석 자유당 정부통령 선거대책위원회 위원장 등이 구속되었다.

선거 부정은 자유당 당무위원 전원과 박만원, 이중재 등 13명으로 구성된 자유당 정부통령 선거대책기획위원회에서 이뤄졌다는 보도가 나왔고, 이들과 함께 정부쪽에서는 최인규 내무장관, 홍진기 법무장관, 김정렬 국방장관 등 6명의 국무위원으로 구성된 6인 위원회가 선거 부정을 기획한 것으로 드러났다.

3·15 부정 선거가 자유당뿐만 아니라 정부도 조직적으로 깊이 개입한 정황이 밝혀지자, 이승만 역시 부정 선거에 대한 책임에서 자유로울 수 없게 되었다. 부정 선거에 대한 사실이 밝혀질수록 이승만이 그에 대한 책임을 지고 처벌을 받을 가능성도 높아져 갔다. 더 이상 한국에 머물 수 없게 된 이승만은 허정 과도정부 수반 및 매카나기 미국대사와의 협의를 거쳐 5월 29일 하와이로 망명을 떠났다. 신생 독립국 대한민국의 첫 대통령이었던 이승만은 마키아벨리적인 술수와 대중 동원을 통해 권력을 강화하고 연장해왔으나, 바로 그 권력욕으로 인해 조국을 떠나 말년을 쓸쓸하게 객지에서 보내야 했고 결국 거기서 생을 마감했다. 이렇게 제1공화국은 막을 내렸다.

이승만은 해방 이후 대한민국 정부 수립 과정에서 중요한 역할을 했다. 북한 공산주의의 위협 속에서 자유민주주의 국가인 대한민국을 세우는 데 크게 기여했다. 그러나 대통령이 된 이후에는 자유민주주의의 정치적 가치를 실현하려고 노력하지 않았다. 오히려 반공주의는 그의 권력을 강화하고 반대자를 억누르는 정치적 무기로 활용되었고, 이 과정에서 대한민국의 민주주의는 훼손되었다.

그러나 우리나라 국민의 민주주의 의식과 열망은 더욱 커져 가고 있었다. 사실 당시 우리 국민에게 '민주주의'는 낯설고 새로운 제도였다. 1948년 대한민국 정부가 수립되었을 때 국민 다수가 자유민주주의의 가치와 원리를 이해하고 실천하는 역량을 갖고 있었냐고 보기는 어려웠다. 하지만 1960년 4·19 혁명 때 학생과 시민은 '민주주의'와 '자유롭고 공정한 선거'를 외쳤고, 민주주의를 왜곡하는 정권의 불의에 저항했다. 어떤 이유로 우리나라 국민들은 그리 길지 않은 시간 내에 민주주의를 이해하게 되었을까. 직접적인 원인은 물론 이승만 정권의 노골적인 불법과 부정행위에 대한 분노가 축적되고 확산되었기 때문이다. 이와 함께 또 다른 중요한 원인은 민주주의 교육과 급속한 도시화라고 할 수 있다.

미군정기에 도입된 민주주의 교육은 초등학교, 중등학교 등 각급 학교에서 중요하게 다뤄졌다. 민주주의 정치교육은 특히 젊은 세대들이 민주적인 방향성을 갖도록 만드는 데 큰 영향을 끼쳤다.[22] 이승만 독재체제를 무너뜨리는 데 학생들이 가장 중요한 역할을 했다는 점도 '민주주의 교육'의 중요성을 잘 보여준다.

학생들은 학교에서 배운 민주주의가 현실 정치에서 지켜지지 않고 왜곡되는 것에 분노했으며, 그 가치를 지키기 위해 거리로 뛰쳐나왔다. 4·19 혁명에 앞장섰던 학생과 지식인, 언론인들은 교육을 통해 자유민주주의 이념을 가장 풍부하게 흡수할 수 있었고, 그 결과 자유민주주의의 이상과 독재체제 강화라는 현실 사이의 간극을 가장 뼈아프게 느꼈다.[23]

한편, 도시화의 진전 역시 민주주의 의식의 증대에 도움을 주었다. 적지 않은 사람들이 교육과 취업을 위해 도시로 이주했고, 6·25 전쟁 시에 피난민과 함께 재향군인이 도시로 몰려들었다. 1952년 남한 인구의 17.7%였던 도시 인구는 1960년에는 28%로 늘어났다. 도시의 공기는 권위주의에 대한 무조건적인 순종으로부터 사람들을 벗어나게 했다.[24]

4·19 혁명은 학생들이 주체 세력이었기 때문에 이승만 체제 붕괴 이후의 새로운 정치 질서 형성을 담당할 수 있는 역량이나 지도력을 가지지 못했다는 점에서 한계가 있었다. 그러나 4·19 혁명이 남긴 가장 중요한 유산은 '강력한 국가 권력의 권위주의화에 대한 견제 세력으로서 그리고 민주화를 위한 힘으로서 시민사회가 운동을 통하여 그 역할을 다할 수 있는 역사적 전통을 만든 것이다.'[25]

다시 말해서, 4·19 혁명은 '낯선 제도'였던 자유민주주의의 기본 원칙과 가치가 우리 사회에 내면화되고 체화體化되는 결정적인 계기를 마련해 주었다. 국가 권력이 자유민주주의의 가치를 지키지 않는다면 시민은 권력에 저항해야 하고, 시민적 저항이 불의한 권력을 타도할 수 있다는 중요한 역사적 전례를 만들었다. 이러한 역사적 교훈은 민주화까지의 오랜 여정에서 수그러들지 않는 민주주의를 향한 뜨거운 열망을 유산으로 남겼다.

아사녀

신동엽

모질게도 높은 성城돌
모질게도 악랄한 채찍
모질게도 음흉한 술책으로
죄없는 월급쟁이
가난한 백성
평화한 마음을 뒤보채어쌓더니

산에서 바다
읍邑에서 읍
학원學園에서 도시, 도시 너머 궁궐 아래.
봄따라 왁자히 피어나는
꽃보래
돌팔매,
젊은 가슴
물결에 헐려
잔재주 부려쌓던 아귀餓鬼들은
그혀 도망쳐 갔구나.

---애인의 가슴을 뚫었지?
아니면 조국의 기폭旗幅을 쏘았나?
그것도 아니라면, 너의 아들의 학교 가는 눈동자 속에
총알을 박아보았나?---

죽지 않고 살아 있었구나
우리들의 피는 대지와 함께 숨쉬고
우리들의 눈동자는 강물과 함께 빛나 있었구나.

사월십구일, 그것은 우리들의 조상이 우랄고원에서 풀을 뜯으며 양陽달진 동남아 하늘 고흔 반도에 이주 오던 그날부터 삼한三韓으로 백제百濟로 고려高麗로 흐르던 강물, 아름다운 치맛자락 매듭 고흔 흰 허리들의 줄기가 3·1의 하늘로 솟았다가 또다시 오늘 우리들의 눈앞에 솟구쳐 오른 아사달阿斯達 아사녀阿斯女의 몸부림, 빛나는 앙가슴과 물굽이의 찬란한 반항이었다.

물러가라, 그렇게
쥐구멍을 찾으며
검불처럼 흩어져 역사의 하수구 진창 속으로
흘러가버리렴아, 너는
오욕된 권세權勢 저주받을 이름과 함께.

어느 누가 막을 것인가
태백줄기 고을고을 봄이 오면 피어나는
진달래·개나리·복사

알제리아 흑인촌에서
카스피해 바닷가의 촌아가씨 마을에서
아침 맑은 나라 거리와 거리
광화문 앞마당, 효자동 종점에서
노도怒濤처럼 일어난 이 새피 뿜는 불기둥의
항거……
충천하는 자유에의 의지……

길어도 길어도 다함없는 샘물처럼
정의와 울분의 행렬은
억겁億劫을 두고 젊음쳐 뒤를 이을지어니
온갖 영광은 햇빛과 함께,
소리치다 쓰러져간 어린 전사戰士의
아름다운 손등 위에 퍼부어지어라.

《학생혁명시집》(1960)

2장

5·16 쿠데타에서 유신까지

이승만의 하야 후 마침내 민주 정부가 수립되었다. 그러나 제2공화국이 발족한 지 채 1년도 되지 않아 군부 쿠데타에 의해서 무너졌다. 1961년 5월 16일 박정희를 필두로 하는 군부가 무력으로 장면 정권을 무너뜨린 것이다. 이후 약 30년간 지속될 군에 의한 정치 개입의 시작이었다.

1 군부의 정치 개입에서 민정 이양으로

이승만의 하야 후 마침내 민주 정부가 수립되었다. 그러나 제2공화국은 발족한 지 채 1년도 되지 않아 군부 쿠데타에 의해서 무너졌다. 1961년 5월 16일 박정희를 필두로 하는 군부가 무력으로 장면 정권을 무너뜨린 것이었다. 이후 약 30년간 지속될 군에 의한 정치 개입의 시작이었다.

쿠데타 직후 미군 사령관 매그루더Carter Bowie Magruder와 주한미국 대사 그린Marshall Green은 윤보선 대통령에게 전방 제1군을 동원하여 쿠데타 군을 진압할 것을 권했지만, 윤보선 대통령은 한국군 간 유혈사태 가능성을 들며 반대했다. 이와 함께 윤보선 대통령은 경쟁자인 장면의 실각이 자신에게 정치적으로 보다 유리한 기회를 마련할 수 있을 것이라는 기대감도 갖고 있었다. 한편, 군 통수권자인 국무총리 장면은 결정적인 순간에 수녀원으로 잠적해 버리고 말았다.

4·19 혁명을 통해서 이승만 대통령의 장기 집권과 독재를 무너뜨리고 민주주의를 세우고자 했지만, 군의 정치 개입에 의해 또다시 좌절

되었다. 당시 민주당 정부 내의 파벌 간 갈등과 무기력은 군의 개입에 유리한 환경을 만들어 주었다. 4·19 혁명을 이끌었던 학생들도 관망적이고 유보적인 태도였다. 이처럼 5·16 쿠데타는 정치 지도자의 무능, 분열, 대중의 방관과 무관심 속에서 성공했다. 쿠데타 이후 군이 3·15 부정선거 관련자에 대한 엄단, 부정축재자와 부정부패 공무원에 대한 척결, 정치 깡패 소탕, 농어촌 고리채 정리 등의 개혁 조치를 취하면서 군의 개입에 대한 긍정적인 평가도 나타나기 시작했다. 당시 지성계의 대표적인 잡지였던 《사상계》는 머리말에서 5·16 쿠데타를 다음과 같이 평가하며 기대감을 표시했다.

> 5·16 군사 혁명으로 우리들이 과거의 방종, 무질서, 타성, 편의주의의 낡은 껍질에서 탈피하여 일체의 구악의 뿌리를 뽑고 새로운 민족적 활로를 개척할 계기가 마련된 것이다. 혁명 정권은 지금 법 질서의 존중, 강건한 생활 기풍의 확립, 불량도당不良徒黨의 소탕, 부정축재자의 처리, 농어촌의 고리대 정리, 국토건설사업 등에서 괄목할 만한 출발을 보여주고 있다.
>
> 《사상계》(1961. 6.)

또한 쿠데타 당시 박정희는 '혁명 공약'을 통해 민정 이양을 약속했다. 6항으로 된 혁명 공약의 마지막 부분은 "이와 같은 우리의 과업이 성취되면 참신하고도 양심적인 정치인들에게 언제든지 정권을 이양하고 우리들 본연의 임무에 복귀할 준비를 갖춘다"는 것이었다. 이러한 점도 군사 쿠데타에 대한 저항과 반발을 줄이게 한 이유였다. 박정희는 1961년 8월 12일 민정 이양에 대한 일정을 밝혔다. 1963년 초에 정당 활동을 허용하고, 1963년 3월 이전에 새로운 헌법을 제정해서 그해 여름까지 민간에 정권을 이양하겠다고 했다. 이러한 정치 일정에 의해 1962년 12월 17일 국민투표를 통해 제3공화국 헌법이 확정되었고, 그달 31일에는 정당법이, 1963년 1월 16일에는 선거법이 공포되었다. 1963년 1월에는 그동안 정치활동정화법에 의해 정치 활동이 금지되어 있던 정치인들이 해금되었다.

그러나 박정희는 1962년 12월 27일 대통령 선거와 국회의원 선거 일정을 밝히면서 민정 참여와 함께 대통령 출마도 고려하고 있음을 시사했다. 민정 이양 약속의 파기에 대한 주변의 반발이 적지 않았다. 1963년 2월에 열린 각군 수뇌부 회의에서는 박정희의 민정 참여에 대한 반대 입장을 결의했고, 미국도 민정 참여에 반대 입장을 밝혔다.

이 때문에 박정희는 1963년 2월 18일 시국 수습안을 제안하고, 이 제안이 받아들여진다면 민정에 참여하지 않겠다는 입장을 밝혀야 했다. 하지만 박정희는 3월 7일 원주 1군 사령부를 방문한 자리에서 해악을 끼친 구정치인은 물러나야 하며, 정치권이 다시 혼란해진다면 자신이 정치에 직접 참여할 수도 있다는 요지의 발언을 했다. 그리고 열흘 뒤인 3월 16일 박정희는 군정을 다시 4년간 연장하기 위한 국민투표를 실시하겠다고 밝혔다. 동시에 모든 정당 활동을 정지시키고 언론, 출판과 집회, 결사의 자유를 제한하는 조치를 행했다.

이와 같은 군정 연장 선언은 커다란 반발을 불러왔다. 윤보선, 김병로, 장면 등 정치인들은 곧바로 시위에 나섰으며, 서울대학교 문리대

학생들을 비롯한 대학가에서도 크게 반발했다. 《조선일보》, 《동아일보》 등 언론에서도 군정 연장 반대 사설을 게재했다. 무엇보다도 미국이 군정 연장에 대해 강경한 태도를 취했다. 미국은 군정을 연장하는 경우에는 당시 국가 예산의 상당 부분을 차지하던 원조를 중단하겠다고 압력을 가했다. 이와 같이 군정 연장에 대한 국내외의 반발이 거세지자 박정희는 4월 8일로 예정되었던 군정 연장 국민투표를 9월 말까지 보류하고 정치 활동도 허용하는 형태로 한 발 물러섰다.

박정희는 군정 연장은 철회했지만 "혁명 주체 세력이 민간인의 자격으로 제3공화국에 참여한다"고 밝히면서 자신의 민정 참여를 기정사실화했다.[26] 결국 1963년 5월 27일 박정희는 민주공화당(공화당) 전당대회에서 대통령 후보로 지명되었다. 그리고 8월 30일에는 군에서 전역하면서 공화당에 입당했다. 그 다음날 공화당 전당대회에서 당 총재에 취임하고 대통령 후보 수락 연설을 했다. 이로써 박정희의 민정 참여가 일단락되었다.

대통령 선거일은 1963년 10월 15일로 공고되었다. 공화당은 이미 박정희가 후보로 지명되어 있었지만 야당은 분열되어 있었다. 야당에서는 6명의 후보가 나섰다. 윤보선은 민정당으로, 변영태는 정민회로, 허정은 국민의 당으로, 송요찬은 자유민주당으로, 오재영은 추풍회로, 장이석은 신흥당으로 각각 출마했다. 그러나 선거운동 기간 중 허정이 야권 분열을 막아야 한다는 이유로 사퇴했고, 당시 옥중 출마했던 송요찬도 출마를 포기했다.

선거 결과 박정희 후보는 470만여 표를 얻었고, 윤보선 후보는

1963년 대선 후보 출마에 대한 신문기사(《동아일보》 1963. 9. 16.)
신문 하단의 박정희 후보 선거 광고가 흥미롭다.

454만여 표를 얻었다. 박정희 후보가 당선되기는 했지만 윤보선 후보와 표 차이는 불과 15만이었다. 군정 기간 중 창당한 공화당의 거대한 자금과 막강한 조직에도 불구하고 선거에서는 신승辛勝을 거둔 것이다.

오재영, 변영태, 장이석 세 후보가 얻은 득표 수는 80만 표가 넘었다. 야당이 분열하지 않았다면 박정희의 승리를 장담할 수 없었던 선거였다. 한국 정치사에서 흥미로운 점은 권위주의 체제하에서 관권의 개입 및 금권 선거가 위력을 보이고 있는 가운데에도, 선거에서 여야 간의 경쟁은 결코 일방적이지 않았고, 여당이 언제나 손쉽게 승리할 수 있는 것도 아니었다는 사실이다.

대통령 선거에서는 신승을 거뒀지만, 그해 11월 26일 치러진 국회의원 선거에서는 야당 후보의 난립으로 인해 여당인 공화당은 비교적 손쉬운 승리를 얻었다. 공화당은 33.5%를 득표하는 데 그쳤지만, 야당의 난립과 제1당에게 보다 많은 의석을 배분하도록 한 전국구 의석 배분 방식의 도움으로 175석 중 110석을 얻는 압승을 거두었다. 이로써 박정희와 공화당은 안정적인 집권의 기반을 마련하게 되었다.

2 1967년 선거와 3선 개헌

5·16 쿠데타의 주도 세력은 1963년 대통령 선거와 국회의원 선거에서의 승리를 통해 제도적으로 권력 장악에 성공했다. 그러나 이듬해 시작된 1964년 한일회담 반대 투쟁으로 인해 큰 곤경에 처했다. 특히 1964년 6월 3일 한일회담에 반대하는 대규모 시위가 발생하자 박정희 정권은 그날 밤에 비상계엄을 선포했고 각 대학을 휴교 조치했다.

야당은 한일협정 비준안 인준을 막기 위해 국회 등원을 거부하고 의원 전원이 사직서를 제출했다. 이에 대해 공화당은 단독으로 한일협정 인준안을 통과시켰다. 그리고 이와 동시에 베트남 파병 동의안도 처리했다. 그 뒤로도 한동안 한일협정과 베트남 파병에 관련된 반대의 목소리가 계속되었지만, 박정희 정권은 두 사안에 대한 인준과 함께 큰 위기에서 벗어나 경제개발정책을 안정적으로 추진할 수 있게 되었다.

1967년이 되면서 권력 연장을 위한 움직임이 정권 내에서 나타나기 시작했다. 1967년에는 대통령 선거와 국회의원 선거가 예정되어 있었다. 그러나 그 이전에 한일협정 비준과 관련한 투쟁 방식을 두고 야당인 민중당은 다시 분열했다. 윤보선이 이끌던 강경파는 의원직 사퇴와 당 해산을 주장했다. 갈등을 빚던 민중당 내 강경파는 1966년 3월 30일 탈당하여 신한당을 창당했다. 그러나 야당의 분열에 대한 비판이 높아지고 또 다른 선거 패배의 가능성이 높아지면서 야권 원로들이 통합을 강력하게 촉구했다.

이에 따라 1966년 말부터 민중당과 신한당 간의 통합 논의가 이뤄지기 시작했다. 이듬해 2월 7일 민중당과 신한당이 합당을 결정하여 당명을 신민당으로 정했다. 통합 후 신민당은 대통령 후보는 신한당 출신의 윤보선으로 결정했고, 당수黨首는 민중당 출신의 유진오가 맡았다. 대통령 후보와 당수직에 대한 분리가 원만하게 합의되면서, 제3공화국 출범 이후 줄곧 분열되어 있던 야권이 신민당으로 마침내 통합되었다.

6대 대통령 선거가 1967년 5월 3일에 실시되었다. 1963년과 달리 야당 후보는 윤보선으로 사실상 단일화되었지만 이 선거에서 박정희는 116만 표라는 큰 표 차이로 승리했다. 1963년 대선에서 42.6%였던 박정희의 득표율은 1967년에는 48.8%로 높아졌다. 윤보선 후보와의 득표 차이도 4년 전에는 15만여 표였지만 1967년에는 116만 표로 크게 증가했다. 이러한 결과에는 막대한 자금 살포와 관권 개입의 탓도 있겠지만, 박정희 정권 4년에 대한 평가가 나름대로 긍정적이었기 때문이다. 주목할 점은 박정희의 지지율이 서울이나 부산 같은 대도시 지역에서 크게 상승했다는 점이다. 서울에서는 4년 전에 30.2%였던 지지율이 45.2%로 높아졌고, 부산에서도 48.2%에서 64.2%로 증가했다. 박정희는 비단 서울, 부산뿐만 아니라, 광주, 전주, 수원을 제외한 전 도청 소재지에서 승리했다.

박정희의 승리는 1962년에 추진된 제1차 경제개발계획의 성공과 관련 있었다. 이 기간 중에 국민총생산GNP의 연평균 실질성장률은 8.3%였고, 공업 노동자는 1962년에 39만 명이었던 것이 1967년에 130만 7,000명으로 늘어났다. 국민소득도 1962년에 83.6달러였던 것이 1967년에는 123.5달러로 늘어났다.[27] 도시 지역이 농촌에 비해 경제 성장의 1차적 수혜자였다는 점을 고려하면 4년 전과 비교할 때 도시 지역에서 박정희에 대한 지지가 높아진 원인을 이해할 수 있다. 1967년 대선에서 승리한 박정희는 헌법에 규정된 대로 중임重任을 위한 마지막 대선을 치렀다.[28]

박정희가 1967년 대선을 마지막 선거로 받아들였다면 우리나라의 민주주의는 이때부터 자리 잡았을 수도 있다. 그러나 박정희 정권은 두 번째 대선 승리와 함께 곧바로 3선 개헌을 향해 달려갔다. 1967년 6월 8일에 국회의원 선거가 예정되어 있었다. 야당은 1967년 총선에서는 1963년과 달리 사실상 신민당으로 단일화되어 있었기 때문에 공화당으로서는 오히려 의석이 줄어들 것을 걱정해야 하는 상황이었다. 그러나 박정희 정권은 3선 개헌을 염두에 두고 있었기 때문에 전체 의석 3분의 2 이상의 의석이 필요했다. 자연히 무리한 방법이 동원될 수밖에 없었다. 노골적인 관권 개입이 시작되었다.

중앙정보부와 내무부는 공무원을 동원하여 선거운동을 했다. 그러나 공무원의 선거 개입은 커다란 정치적 논란을 불렀고, 중앙선거관리위원회는 1967년 4월 27일 선거운동 기간 중 국무위원이 국정을 위한 지방 출장에서 특정 후보자를 지지하거나 추천 혹은 반대하는 연설을 행하는 것은 선거법에 위반된다고 해석했다. 그러자 박정희 정권은 5월 9일 열린 국무회의에서 선거법 시행령을 고쳐 대통령, 국무총리, 국무위원 등 별정직別定職 공무원은 선거운동을 할 수 있도록 허용했다. 중앙선거관리위원회는 별정직 공무원이라도 이들의 선거 참여는 부당하다고 해석했지만, 대통령의 경우에는 정당의 대표자이기 때문에 선거운동을 할 수 있다고 유권 해석했다.

박정희는 지방행정 시찰 명목으로 전국을 순회하며 공화당 후보에 대한 지원 유세를 벌였고, 특히 경제 관료를 함께 데리고 가서 도로 건설, 지역 개발, 공장 유치 등을 약속했다. 국무위원들도 지방 출장을 명분으로 전국 순회 유세를 했다.[29] 유권자에 대한 공화당의 금품 살포 역시 공공연했다. 공화당의 선거 조직이나 다름없었던 계나 친목회를 여는 관광 행사가 1년 전부터 계속되었고 선거전이 본격적으로 시작되자 막걸리와 고무신이 판을 쳤다. 공화당의 연락사무소에는 막걸리통과 소주병이 항상 놓여 있어 누구든지 마시도록 했다. 경찰서장과 군수, 구청장이 직접 선거운동에 참여하여 동장과 경찰들에게 현금과 쌀과 밀가루를 나눠주며 주변에 살포하도록 독려했다. 500~1,000원의 현금이 든 돈 봉투를 공공연하게 유권자들에게 돌리는 일도 비일비재했다.[30]

선거일에도 각종 부정 선거 행태가 나타났다. 야당 참관인이나 운동원이 곳곳에서 폭력을 당했고, 투표장에서 쫓겨났다. 당시 투표일의 풍경을 《동아일보》는 다음과 같이 묘사하고 있다.

투표가 시작되기가 무섭게 들려오는 선거 소식은, 서울 영등포에서 야당 참관인이 무슨 '봉사대원'이라는 괴한들에게 끌려 나가 뭇매를 맞은 사건을 비롯해서 곳곳에서의 폭력난무 사태이며, 또 서울, 부산, 대전 등 큰 도시에서 벌써 대리투표의 적발이 이어지고 있다는 이야기다. 정말 선거를 왜 하는가, 3·15가 무색하지 않은가, 4·19는 왜 있었고, 5·16은 또 왜 있었는가 하는 소리가 부자연스러울 수 없다는 실감이다.

《동아일보》 사설(1967. 6. 8.)

이처럼 1967년 국회의원 선거는 전례 없는 금권, 향응饗應, 선심의 성행, 여당 후보에 대한 노골적인 행정지원, 여당 후보의 지역사업 공약 남발, 폭력, 흑색선전, 그리고 선거 당일에는 야당 운동원들이 폭행, 납치당하는 사태까지 발생한 매우 혼탁스러운 선거(《동아일보》 1967. 6. 8. 1면)였다. 이승만 시대의 선거 부정이 무색하다고 할 만한 부정 선거였다. 이 무렵 《동아일보》의 만평 '고바우 영감'을 보면 1967년 국회의원 선거를 국민들이 어떻게 바라보고 있는지를 잘 보여준다.

선거 결과 공화당은 지역구에서 103석, 전국구 27석으로 130석을 얻어 개헌에 필요한 정족수 117석을 훨씬 넘는 의석을 차지했다. 신민당은 지역구 27석과 전국구 17석으로 44석을 얻었고, 대중당은 1석을 얻었다. 선거가 끝나자마자 선거 무효 소송이 줄을 이었고, 선거 다음날부터 전국 각지에서 부정 선거에 항의하는 시위가 발생했다.

〈표 1〉에서 볼 수 있는 것처럼, 1967년 국회의원 선거 이후 제기된 선거 소송 건수는 다른 선거와 비교되지 않을 정도로 매우 높았다. 그

1967년 국회의원 선거를 다룬 '고바우 영감'(《동아일보》 1967. 6. 8.~6. 10.)
야당 참관인이 강제로 쫓겨나는 등 불법행위가 난무했고, 이 때문에 선거 결과를 두고 '개도 웃을' 부정 선거였다는 사실을 비꼬고 있다.

표 1 선거 소송 건수(1950~1971)

구분	제1공화국			제2공화국	제3공화국		
총선 일자	1950. 5. 30.	1954. 5. 20.	1958. 5. 2.	1960. 7. 29.	1963. 11. 26.	1967. 6. 8.	1971. 5. 25.
선거 소송 건수	39	31	108	50	38	**280**	45

중앙선거관리위원회. 1973. 《대한민국선거사》 제1집. 974.

만큼 광범위한 선거 부정이 이뤄진 것이다.

야당은 선거 결과에 크게 반발했다. 신민당의 유진오 대표위원은 부정 선거 선거구에 대한 선거 무효와 재선거, 관련자에 대한 인책引責을 요구했고, 뒤이어 장외투쟁을 선언했다. 신민당은 또한 '6·8선거무효화투쟁위원회'를 구성해서 부정 선거 조사단을 전국 각지에 파견했다. 이와 같은 부정 선거에 또다시 학생들이 거리로 나서서 시위를 벌였다. 대학은 임시 휴교 조치를 취했지만 대학생들의 거센 저항은 계속되었고 점차 일부 고등학생들도 시위에 나섰다. 7월 10일 공화당과 무소속 의원만으로 7대 국회를 개원하려고 하자, 신민당 국회의원 당선자들은 국회의원 등록을 거부하고 장외투쟁을 이어나갔다.

이 와중인 7월 8일 중앙정보부장 김형욱은 교수, 학생 등 194명이 연루된 간첩단 사건이라는 이른바 '동백림 사건東伯林事件'을 발표했다. 그러나 재판 결과 최종적으로 간첩죄로 유죄 판결을 받은 사람은 없었다. 부정 선거에 대한 반발이 거셌던 상황에서 터져 나온 '간첩단' 사건 발표에는 '반공'으로 정권에 대한 반대를 누그러뜨리려는 의도가 있었다.

그런데 사실 1967년 국회의원 선거에 대해서는 공화당 스스로도 "야당이 주장하는 불법 부정 선거는 아니라 하더라도 모처럼의 깨끗하고 질서 있게 끝을 맺은 5·3 대통령 선거의 '이메지'를 완전히 씻을 만한 타락되고 혼탁한 분위기의 선거였음에는 틀림이 없었다"고 시인할 정도였다.[31] 이에 따라 공화당은 일부 지역에서의 부정 선거를 인정하고 화성 지역구의 당선자를 상대당 후보로 교체했고, 수원, 평택, 군산·옥구, 영천, 고창, 서천, 보령 등 7개 선거구의 당선자는 당에서 제명했다.

8월 1일에는 박정희 대통령이 직접 나서서 '6·8 총선거가 유종의 미를 거두지 못한 데 대해 그 원인이 어디 있든지 간에 행정부의 책임자로서 미안하게 생각하고 있다'고 유감의 뜻을 표했으나, 더 이상의 시국 수습책은 없음을 분명히 했다.[32] 이에 대해 신민당은 8월 14일 6·8 부정 선거 백서를 발표하여 공화당의 사전 선거운동, 부정 선거, 투표 부정, 투표함 수송 부정, 부정 개표 등의 광범위한 선거 부정 사례에 대해 밝혔다.

선거 후 5개월이 지난 11월이 되면서 여야는 부정 선거 문제 해결을 위한 회담을 열었다. 11월 16일 공화당의 백남억, 김진만과 신민당의 윤제술, 김의택 사이에 회담이 열렸고, 20일에는 공동성명서와 의정서가 합의되었다. 합의 내용은 지역구 선거관리위원회를 여야가 추천하는 각 3명으로 하며, 각급 선거관리위원회의 권한을 강화하고, 선거법 조항을 검토하고 개정하기로 했다. 또한 야당을 달래기 위해 기탁寄託된 정치자금을 의석별로 배분하도록 법을 개정하기로 하고, '6·8 부정선거조사특별위원회'를 설치하기로 합의했다. 여야 합의에 따라 1967년 11월

29일 신민당 당선자들은 국회에 등원하여 의원 선서를 마쳤다. 선거 후 6개월 만에 공전되던 국회가 정상화되었다. 그러나 여야 합의 중 가장 핵심적인 사안인 '6·8부정선거조사특별위원회'는 그 뒤에도 결국 설치되지 않았다.

박정희 정권은 6·8 부정 선거에 대한 논란에서 벗어나면서 본격적으로 3선 개헌을 추진하기 시작했다. 그런데 1968년 5월 '국민복지회' 사건이 발생했다. 국민복지회는 농촌 부흥과 사회개량을 표방한 모임이었다. 이 모임이 문제가 된 것은 국민복지회가 김종필을 후계자로 옹립하는 작업을 준비했다는 의심을 받았기 때문이다. 특히 국민복지회가 당내 포섭 대상자에게 배포했던 정세 보고서에 '박정희의 3선을 가능하게 하는 개헌을 저지하고 김종필을 1971년 대통령 후보로 추대'해야 한다는 부분이 문제가 되었다.[33] 이 때문에 국민복지회의 김용태 의원은 중앙정보부에 끌려가 고문 끝에 조작된 혐의를 시인했고, 최영두, 송상남 의원과 함께 5월 25일 공화당에서 제명되었다. 한편, 김종필은 이에 반발하여 5월 30일 당 의장직을 사퇴하고 탈당했다. 당시 정당법에 의하면 탈당은 곧 의원직 상실이었다. 김종필이 물러나면서 백남억, 길재호, 김성곤, 김재호 등 반김종필계 의원 4명이 부상하면서 당내에서 3선 개헌을 주도했다.

1969년이 되면서 3선 개헌이 공론화되기 시작했다. 공화당 사무총장 길재호나 당의장 서리 윤치영 모두 각각 개헌의 필요성을 제기했다. 그러나 40여 명에 달하는 김종필계 의원들은 여전히 결속되어 있었으며, 3선 개헌을 저지하고자 했다. 그런데 1969년 4월 8일 신민당이 제출한 권오병 문교부장관 해임건의안에 대한 표결이 국회에서 있었다. 3선 개헌에 반대하는 김종필계 의원들은 개헌 저지를 위한 세력을 과시하기 위해 야당에 동조하여 해임 건의에 찬성표를 던졌다. 표결 결과 국회 재석 152명 중 가 89명, 부 57명, 기권 3명으로 문교부장관 해임건의안이 통과되었다. 당시 국회 출석 의원은 공화당 100명, 신민당 41명, 정우회 11명[34]이었기 때문에 공화당 의원 중 40여 명이 반대표를 던져야 통과될 수 있는 상황이었다.

4·8 항명이라고 불리는 이 사건에 대해 박정희는 격노했고, 공화당 당기위원회는 양순직, 예춘호, 김달수, 박종태, 정태성 등 5명의 의원을 반당 행위자로 규정하여 제명했다. 박정희의 이러한 강경 대응으로 인해 개헌 반대 세력은 위축될 수밖에 없었고, 그런 만큼 3선 개헌 작업은 더욱 탄력을 받게 되었다. 3선 개헌은 당내의 반김종필 4인 체제와 이후락 청와대 비서실장, 김형욱 중앙정보부장에 의해 주도되었다.

3선 개헌에 반대하는 공화당 의원은 대통령과 중앙정보부장에게 개별적으로 불려 들어가, 정치자금 제공 등으로 회유를 당하거나 물리적 협박을 받았다. 6월이 되면서 3선 개헌 반대 세력의 핵심인 김종필이 박정희와의 면담 후 개헌을 지지하는 입장으로 선회했다. 3선 개헌 반대 세력의 기세가 누그러지자, 박정희는 1969년 7월 25일 3선 개헌에 대한 입장을 밝히면서, 개헌 국민투표를 통해 자신의 신임을 묻겠다고 했다. 그러나 국민투표로 가기 위해서는 우선 국회에서 개헌안이 통과되어야 했다. 공화당은 1967년 총선 이후 부정 선거 시비와 당내 파벌 갈등으로 여러 의원을 제명시킨 탓에 단독으로 의원 정수 3분의 2의 개헌 정족수를 넘기지 못하고 있었다. 이 때문에 무소속 의원과 야당 의원들까지 강압과 회유를 통해 끌어들여야 했다. 성낙현, 조흥만, 연주흠 등 신민당 의원 3명을 포함하여 공화당 108명, 정우회 11명 등 122명 명의의 개헌안이 국회에 제출되었다.

신민당은 어떠한 종류의 개헌에도 반대한다는 입장을 처음부터 분명히 하고, 1969년 초부터 개헌 저지를 위한 행동에 들어갔다. 1월 14일에는 고위 당직자들로 호헌護憲5인위원회를 구성했는데, 전당대회 의장 김의택, 중앙상임위원장 조영규, 정책위원장 정헌주, 사무총장 고흥문, 원내총무 김영삼 등 당 지도부로 구성했다. 이들은 개헌안을 발의하기 전에 봉쇄한다는 전략을 갖고 지구당 개편대회에서 3선 개헌 반대 유세를 집중적으로 벌이기로 했다. 1월 15일 유진오 신민당 총재는 당의 운명을 걸고 개헌을 저지할 것이며, 경우에 따라서는 소속 국회의원 전원이 총사퇴하겠다고 밝혔다. 신민당은 개헌 저지 투쟁 기구를 당내와 당외부에 모두 결성하기로 했다. 당내에는 당 총재를 위원장으로 하는 대통령 3선개헌저지투쟁위원회를 구성했고, 원외에는 3선개헌반대범국민투쟁위원회를 결성했다. 이 무렵 개헌 반대에 대한 원내 전략을 이끌던 원내총무 김영삼이 귀가 중 차에서 초산 테러를 당했으나 다행히 피해를 입지는 않았다.

야당은 3선 개헌안에 서명한 변절자 3명의 의원직을 상실시키는데 정당법 규정을 활용했다. 당시 정당법에는 당이 해체되거나 의원이 탈당한 경우에는 의원직을 상실하고, 당에서 제명된 경우에는 의원직을 유지할 수 있었다. 이들 3명의 의원직을 상실시키기 위해, 이들을 제외한 신민당 나머지 의원을 제명하는 절차를 받고, 뒤이어 당 해체를 결정했다. 그리고 이후 새로이 신민당을 창당했다. 야당 의원 3명이 의원직을 잃게 되면서 개헌 지지 의원은 122명에서 119명으로 줄어들었다.[35]

이후 국회에서의 토의 과정을 거쳐 1969년 9월 13일로 표결이 예정되었다. 신민당은 표결을 저지하기 위해 본회의장을 점거했다. 이날 자정 이효상 국회의장은 본회의의 유회流會를 선언하고 14일이 일요일이므로 15일에 본회의를 속개續開하겠다고 선언했다. 그러나 공화당은 9월 14일 새벽 2시 반 야당 의원들에게 통고조차 하지 않은 채, 국회 본회의장이 아닌 제3별관 특별회의실로 공화당 소속 의원들과 회유한 의원들을 집결시켰다. 그런 다음 전격적으로 표결을 감행했다. 공화당 107명, 정우회 11명, 무소속 4명 등 총 122명이 참석하여 전원 찬성으로 개헌안을 통과시켰다. 마지막까지 개헌에 반대한 의원들은 신민당 의원들 이외에 공화당의 정구영, 항명 파동으로 공화당에서 제명된 예춘호, 양순직, 김달수 의원 등이었다.

개헌안의 핵심은 대통령의 연임 조항을 삭제하고 3선을 가능하게 했으며, 대통령 탄핵 발의 요건을 의원 30명에서 50명으로 늘리고 탄핵 가결 요건도 과반수에서 3분의 2 이상으로 높였다. 국회의원의 장차관 겸직을 허용하도록 했으며 국회의원 정수도 200명에서 250명으로 늘렸다. 3선 개헌의 날치기 통과에 대한 야당의 거친 항의가 이어졌고 학생들을 비롯한 시민의 반발도 거셌지만, 3선 개헌안은 10월 17일 국민투표를 통해 투표율 77.1%, 65.1% 찬성으로 확정되었다. 국민투표가 통과는 되었지만 찬성률은 그다지 높다고 보기 어려웠다.

1969年9月15日 月曜日 東亞日報 【6】

極限政爭의 雷管을친 衝擊의 現場

變則의 現場

조각난 명패函과 投票函

「變則」이 가져온 後遺

變則改憲에 쏠린 全國의 關心

「無效」라고 흥분 國會解散主張도 【釜山】

國民投票서보자 學校는한숨돌려 【大邱】

꿀레라막아주길 國民投票도疑心 【全州】

모두가論評꺼려 政治道義를抹殺 【仁川】

豫測대로라담담 無所屬태도失望 【大田】

市民대체로沈痛 無所屬合勢울분 【光州】

착잡한市民表情 時局混亂을걱정 【濟州】

3선 개헌을 다룬 신문기사(《동아일보》 1969. 9. 15.)

신문 보도 내용을 보면 당시 3선 개헌이 얼마나 무리하게 날치기로 강행처리되었는지 알 수 있다.

"그럴수가…"

날림改憲…沈痛한休日아침의市民

해도 너무심했다

하늘이두렵다

부득이한경우

투탄스런일

本社記者에暴行

他社네記者도 카메라 뺏으려고행패

警察이했다면유감 鄭市警局長말

寫眞記者團서抗議

四개大學 규탄데모

無效는아니다

合法的아니다

多數의횡포

상상도못한일

國會解散요구

學生出入을차단

高大앞에 四百여警察 陣쳐

工·美·會大민援業 서울大

成大開議無期연기 警察이歸家를종용

유감스럽다

어이가없다

民主主義요원

탈선民主방식

共匪셋射殺 前線서 一명歸順

이로써 박정희는 이승만에 이어 또다시 비정상적인 방식에 의해 집권을 연장할 수 있게 되었다. 박정희의 3선 개헌으로 한국 민주주의는 1954년 이승만의 3선 개헌 시점으로 후퇴하여 되돌아갔다. 그리고 이는 이후 이어질 장기집권의 서막이었다. 더욱이 3선 개헌은 그동안 공화당 내에서 파벌 간 대립의 형태로나마 유지되었던 당내 민주주의와 정당정치의 가능성을 잘라버리는 시발점이 되었다. 당내에 김종필계라는 경쟁적 파벌이 존재했을 때는 정치적 쟁점에 대해 의원들 간에 자유로운 토론이 가능했지만, 이제 단일 파벌만이 존재하게 되었고, 그들은 박정희의 장기집권에서 자신의 존재 근거를 찾게 되었다. 의회와 정당이 정치로부터 소외되었고, 행정적 효율성이 정치를 추월하기 시작했다.[36] 그 최종적인 도달점은 유신체제의 수립이었다.

3 "표를 달라고 하는 것은, 이번이 마지막"

유진오 신민당 총재는 3선 개헌 국민투표에 대한 반대 투쟁 중이던 1969년 9월 10일 뇌동맥 경련증으로 입원했다. 그리고 10월 19일 3선 개헌 저지 투쟁의 실패 책임과 신병을 이유로 신민당 총재직에서 사임했고, 병 치료차 일본으로 떠났다. 신민당은 1970년 1월에 전당대회를 열고, 9월에는 대통령 후보 지명대회를 개최하기로 했다. 1970년 1월 26일 전당대회에서 유진산, 정일형, 이재형이 경합하여 유진산이 새로운 당수로 선출되었다. 대결보다 타협을 선호하는 유진산은 3선 개헌안 날치기 통과 이후 계속되어 온 등원 거부를 종료하고 일방적으로 등원을 결정했다.

유진오 총재 사임 이후 전당대회 개최 시기 문제를 두고 논란이 일던 무렵인 11월 8일 당시 원내총무였던 42세의 김영삼이 40대 기수론을 제기하면서 1971년 대통령 선거 후보 경선에 나설 것을 선언했다. 김영삼에 이어 45세의 김대중 의원, 48세의 이철승 의원이 경선 출마에

신민당 후보 지명대회의 '40대 기수론'(왼쪽부터 이철승, 김대중, 김영삼)

가담하면서 40대 기수론은 이들 간의 3파전이 되었다. 이를 두고 '구상유취口尙乳臭'라고 비판한 유진산을 비롯한 당내 원로와 중진들은 이들의 출마에 거부감이 있었지만, '40대 기수론'은 당내 대세로 자리 잡았고 이에 대한 대중의 반응도 뜨거웠다. 유진산도 당내 경선 출마에 뜻을 가졌으나 이루지 못했고, 예전처럼 막후 협상에 의해 후보를 선정하기 위해 3명의 후보에 대한 지명권 행사의 뜻을 피력했으나 김대중의 거부로 실현되지 못했다.

1970년 9월 29일 신민당 대통령 후보 지명 전당대회가 열렸다. 1차 투표에서는 885표 중 421표를 얻은 김영삼이 382표를 얻은 김대중을 누르고 1위를 했으나, 과반에 실패하여 2차 투표로 이어졌다. 2차 투표에서는 대역전극이 펼쳐졌다. 많은 사람들의 예상을 깨고 김대중이 884표 중 458표를 얻어 410표를 얻은 김영삼을 누르고 대통령 후보로 선출된 것이다.

한편, 3선 개헌에 성공한 박정희는 1971년 3월 17일에 열린 민주공화당 후보 지명 대회에서 공식적으로 후보에 지명되있다. 이와 함께 공화당의 박정희와 신민당의 김대중 간에 경쟁이 본격화되었다. 이전 두 차례 선거에서 박정희의 경쟁자가 윤보선이었다면 이번에는 보다 젊고 참신한 김대중이었다. 선거일은 4월 27일이었다.

박정희는 '혼란 없는 안정 속에 중단 없는 전진'을 강조했고, 김대중은 '희망에 찬 국민대중의 시대 구현'을 구호로 내세웠다. 박정희는 경제 성장, 소득 증대, 국토종합개발 추진, 농어촌 생활 환경 개선, 복지 정책 강화 등을 선거공약으로 내세웠다. 이에 비해 김대중은 미·일·중·소 4개국에 의한 한반도에서의 전쟁 억제에 대한 보장 확보를 제시했고, 이와 함께 통일 외교를 강화하며 서독, 월남과 분단국회의를 구성하겠다고 공약했다. 또한 김대중은 당시로서는 파격적이라고 할 만한 기자 교류, 서신 교환, 체육 교환 등 남북한 간의 비정치적 교류를 제시했다. 이와 함께 향토예비군의 전면 폐지, 월남 파견 국군의 철수, 지방자치 실시, 부유세, 특별행위세 신설 등을 공약으로 제시했다.

그런데 당시 김대중 후보가 선거 강령에서 제일 먼저 내세운 것은 '1인 독재에서 제2의 해방'이었다. 구체적으로는 헌법을 중임제로 환원하고 부칙에 이 조항의 개정을 불가능하도록 규정하겠다는 것이었다.[37]

이와 관련하여 가장 주목할 점은 김대중이 박정희가 다시 당선되면 종신 대통령이 되기 위해 총통제를 추구할 것이라고 경고했던 것이다. 이에 대해 박정희는 선거유세에서 "여러분들은 지난번 헌법 개정을 통해 나에게 단 한 번 더 재선의 기회를 주었기 때문에 앞으로 여러분들에게 표를 달라는 것은 이번이 마지막"(《동아일보》 1971. 4. 26.)[38]이라고 호소했다. 이 말은 이후 박정희가 유신체제를 선포하면서 역설적이게도 그대로 실현되었다.

선거 결과 박정희는 53.2%, 김대중은 45.3%를 얻었다. 박정희는 634만 2,828표를 얻었고, 김대중은 539만 5,900표를 얻었다. 격차는 94만 6,928표였다. 공권력이 선거에 노골적으로 개입했음에도 불구하고 선거 결과는 팽팽했다. 94만여 표의 차이는 결코 크다고 보기 어려웠다. 박정희 정권에 대한 국민의 지지는 명백하게 하락하고 있었다. 특히 서울, 부산 등 대도시 지역에서 박정희에 대한 지지도가 크게 하락했다. 박정희는 1967년 대선에서는 서울에서 45.2%를 득표했지만, 1971년 대선에서는 40%로 낮아졌고, 부산에서도 64.2%에서 55.7%로 하락했다.

이런 흐름은 한 달 뒤인 5월 25일에 실시된 제8대 국회의원 선거에서도 마찬가지로 나타났다. 1971년 총선에서 신민당은 44.4%를 득표했고 공화당은 48.8%를 득표했다. 두 당 간 득표율 차이는 4.4%에 불과했다. 의석 수에서는 총 204석 중 공화당이 지역구 86석, 전국구 27석으로 모두 113석을 차지했고, 신민당은 지역구 65석, 전국구 24석으로 89석을 차지했다. 국민당과 민중당이 각각 1석씩 차지했다. 신민당은 개헌 저지선인 69석을 훨씬 뛰어넘는 약진을 보였다. 특히 신민당은 교육 수준이 높고 정치적 관심이 큰 대도시 지역에서 승리했다. 서울의 19개 선거구에서 단 1석을 제외한 전 의석을 차지했으며, 부산에서도 8개 선거구 중 6석을 얻었다. 신민당이 89석을 차지하면서 이제 또다시 국회 내에서의 개헌 과정을 거쳐 집권 연장을 도모하는 일은 사실상 어렵게 되었다. 신민당은 이제 임시국회를 소집할 수 있는 권한도 갖게 되었다. 1971년에 치러진 두 차례의 선거 결과는 박정희가 세 번째 집권에 성공하기는 했지만 향후 또 다른 권력 연장이 쉽지 않을 것임을 보여주는 것이었다.

그 무렵 박정희 정권은 사회적으로도 곤경에 처해 있었다. 1970년 4월에 부실공사로 시민 아파트가 붕괴하여 33명이 사망한 '와우 아파트 사건'이 발생했다. 그해 11월에는 전태일의 분신자살이 사회적으로 커다란 충격을 주었다. 이후 노사분규가 활발해져 다음 해인 1971년 8월에는 신진자동차 노조원이 파업 농성을 벌였고, 한 달 뒤인 9월에는 베트남에 파견되었던 한진상사 기술자들이 밀린 임금 지급을 요구하며 KAL 빌딩에 진입해 방화시위를 하는 사건이 일어났다.

1971년 2월 23일에는 대학 교련을 필수로 하는 교육법 시행령 개정안이 의결되면서 이에 대한 대학가의 저항이 커졌다. 대학생에 대한 군사교육은 1969년에 정규과목으로 채택되어 있었다. 1971년 1학기부터는 이를 필수로 하고 종래 교련시간을 2시간에서 3시간으로 늘리고, 여기에 집체교육까지 부과하여 재학 중 71시간의 군사교육을 받도록 했다. 그리고 강의를 담당하는 교관을 예비역에서 현역으로 전원 교체했다. 이에 대한 학생들의 격렬한 반대 시위가 계속되자 박정희는 1971년

10월 15일 서울 일원에 위수령衛戍令을 내리고 군대를 동원하여 학생들의 시위를 막았다. 수도경비사령부와 공수특전단이 서울대학교 문리대와 법대, 연세대학교, 고려대학교, 성균관대학교, 경희대학교 등에 진주進駐했고, 다른 대학들도 무기한의 휴교령을 내리거나 '자체적인 휴강'의 형식으로 대부분 문을 닫았다. 당시 23개 대학에서 177명이 제적되었다.

1971년 4월에는 《동아일보》를 시작으로 언론자유수호운동이 일어났다. 7월에는 검찰이 현직판사 2명에게 구속영장을 신청함으로써 촉발된 사법 파동이 있었다. 법관들은 이를 정치적 사건에 대한 검찰의 정치적 보복으로 판단하여 당시 전국의 법관 415명 중 3분의 1이 사표를 내고 사법권 독립을 결의했다. 8월에는 서울대학교 교수들이 대학의 자율성 보장과 대학 운영의 민주화를 요구하는 결의문을 발표했고, 이는 전국으로 확산되어 대학 교수들의 대학자주화 선언 운동이 잇달아 일어났다.

한편, 1971년 8월에는 철거민 이주 지역이었던 경기도 광주 대단지에서 주민 3만여 명이 생활 대책 수립을 요구하는 폭동이 발생했다. 여기에 실미도에서 훈련 중이던 특수부대원들이 경비병을 살해하고 섬을 탈출해 서울 영등포까지 버스를 탈취하여 진입한 '실미도 사건'까지 발생했다.

이처럼 1971년에는 사회적으로 심각한 사건들이 잇달아 터져 나왔고, 박정희 정권에 대한 민심의 이반을 곳곳에서 확인할 수 있었다. 더욱이 1971년 국회의원 선거 결과를 보면서, 공화당 의원들조차도 박정희의 또 다른 집권은 이제 현실적으로 어렵게 되었다고 생각했다. 야당이 개헌 저지선을 확보했고 박정희에 대한 대중의 지지도 크게 약화되어 있었다. 공화당 의원들이 판단하기에도 향후 1975년 대선에서 공화당의 대통령 후보는 박정희가 아닌 다른 이가 될 가능성이 커보였다.

그런데 뜻밖의 일이 발생했다. 1971년 10월 신민당은 그해에 발생한 일련의 사건과 혼란에 대한 책임을 물어 오치성 내무부장관, 김학렬 경제기획원 장관, 신직수 법무부장관에 대한 해임안을 세출했다. 표결 결과 김학렬 경제기획원 장관과 신직수 법무부장관에 대한 해임건은 재석 202명 중 가 91명, 부 106명, 무효 2명으로 모두 부결되었다. 그런데 오치성 내무부장관에 대한 결과는 달랐다. 당시 공화당을 이끌고 있던 '4인 체제'인 김성곤, 길재호, 김진만, 백남억 등이 중심이 된 20여 명의 공화당 의원이 오치성 내무부장관에 대한 야당의 해임안에 가세했고, 결국 오치성 내무부장관 해임안이 통과되었다.

'4인 체제'가 반란표를 던질 수 있었던 것은 '박정희의 차기'는 없다고 보았기 때문일 것이다. 그러나 "해임안이 가결되자 중앙정보부는 박정희의 지시로 4인방을 포함한 공화당 국회의원 23명을 연행해서 조사했고, 그 과정에서 극심한 구타와 고문이 자행되었다. 김성곤은 중앙정보부 수사관에 의해 콧수염의 반이 뽑혀 밖에 나가지도 못했고, 육사 8기이자 5·16 쿠데타 세력의 한 사람이었던 길재호는 고문 후유증으로 지팡이에 몸을 의지하는 처지가 되었다."[39]

김성곤, 길재호는 출당시켜 의원직을 상실하게 했고, 김창근, 문창택, 강성원은 의원은 당명 불복종으로, 항명의 원인을 제공한 오치성 의원은 당론 분열의 이유로 6개월간 당원 자격을 정지시켰다. 자신의 권위에 대한 도전에 박정희는 여당 의원이라고 해도 물리적 강제력을 동원하여 억눌렀다. 박정희를 대신하여 당을 관리해 온 '4인 체제'는 이렇게 몰락했고, 박정희는 이제 당을 직접 챙기게 되었다.

이처럼 여러 측면에서 박정희 체제의 한계가 감지되고 있었다. 위수령의 발동으로 잇달아 터져 나온 그간의 사회적 불만의 표출과 대학의 저항은 일단 진정시켰지만, 언제까지 위수령에 의존할 수는 없었다. 박정희는 1971년 12월 6일 갑자기 국가비상사태를 선포했다. 선포 이유는 북한의 침략 위협과 한반도를 둘러싼 국제정세의 변화 때문이라고 했다. 아시아의 방위는 아시아가 책임지라고 한 닉슨 독트린은 한반도의 안보 환경에 커다란 변화였다. 그러나 닉슨 독트린은 1971년 대선 이전인 1969년 7월에 선언되었다. 북한의 침략 위협을 명분으로 내세웠지만, 박정희 대통령은 1971년 8월 15일에 남북대화를 제안하기도 했다. 더욱이 여야 중진 회담 등으로 새해 예산안이 법정 기일 내에 통과되는 등 여야 관계도 안정되어 있었다. 그런 점에서 1971년 12월의 국가비상사태 선언은 매우 의외였다.

박정희 대통령의 비상사태 선언에 뒤이어, 구태회 등 공화당 소속 110명의 의원들은 '국가보위에 관한 특별조치법'(국가보위 법안)을 국회에 제출했다. 국가보위 법안은 대통령이 국가비상사태를 선포할 수 있고, 경제규제를 명령하고 국가 동원령을 선포할 수 있으며, 집회와 시위를 규제할 수 있고, 언론·출판에 대한 특별 조치를 취할 수 있으며, 근로자의 단체행동권을 제약할 수 있도록 규정한 것이었다. 이는 명백히 자유민주주의의 기본 원칙을 무시한 법안이었다. 야당은 이 법안에 거세게 반대했고, 본회의 통과를 막기 위해 본회의장을 점거했으며, 국회의사당에서 중앙청(현재의 경복궁 정문인 광화문 자리)까지 가두시위를 벌였다. 신민당 김홍일 대표는 국회에서 단식 농성을 벌이기도 했다. 그러나 이 법안은 12월 27일 국회 본회의장이 아니라 국회 제4별관에서 여당 및 무소속 의원들에 의해 날치기로 단독 처리되었다. 박정희 정권하에서 여당의 날치기 단독 처리는 이제 특별한 일도 아니었다.

신민당은 국회 본회의장에서 며칠간 농성을 이어갔고 국가보위법 철폐를 위한 임시 국회 소집을 요구했지만 허사였다. 국가보위법의 통과로 이제 자유민주주의가 규정한 기본적인 정치적 자유와 권리는 제약을 받게 되었다. 1961년 쿠데타 이후 이때까지 부정 선거, 개헌안과 법안의 날치기 처리, 중앙정보부에서의 고문 등의 문제는 있었지만 직접적으로 모든 국민의 자유와 권리를 포괄적으로 통제한 적은 없었다. 국가보위법의 제정과 함께 한국의 민주주의는 또 다시 큰 시련을 겪게 되었다. 그러나 국가보위법의 제정은 길고 어두운 터널로 들어가는 입구에 불과했다.

4 1인 종신 지배체제의 완성: 유신의 성립

국가보위법 통과로 정국이 어수선한 가운데 1972년이 되었다. 1972년에는 여러 가지 충격적인 사건들이 많았다. 무엇보다도 북한과의 7·4 남북공동성명이 나왔다. 중앙정보부장 이후락과 북한 제2부수상 박성철의 상호 비밀 방문을 통해 자주, 평화, 민족대단결의 통일 3원칙을 천명한 공동성명은 남북관계의 획기적인 변화를 기대하게 했다. 공동성명 발표 후 남북적십자 본회담과 남북조절위원회 회담이 열리면서 남북 대화는 급진전되었다.

한편, 한 달 뒤인 8월 3일에는 사채 동결 조치인 8·3 조치가 내려졌다. 8·3 조치는 기업들이 사채업자에게 빌린 채무를 모두 신고하도록 하고, 이를 시중 금리보다 싼 조건으로 채권·채무 관계를 조정하거나 차입借入 기업의 출자로 전환시켜 기업의 부담을 줄이려는 것이었다. 기업들에게는 엄청난 특혜였지만 사채업자들이나 사채 자금과 관련된 일반인들은 커다란 피해를 입을 수밖에 없었다.

남북관계 개선, 개인 재산에 대한 국가 개입 등의 충격에 더해 마침내 10월 17일 더 엄청난 충격이 밀려왔다. 박정희의 보다 대담하고 노골적인 장기집권을 위한 시도인 '10월 유신'이 선언된 것이다.

당시 상황에서 박정희의 재집권을 가능하게 할 어떠한 합법적 수단도 존재하지 않았다. 당시 헌법은 대통령의 임기를 3선으로 제한하고 있었고, 야당은 1971년 총선에서 개헌 저지선을 확보했다. 따라서 장기집권을 위해서는 국민을 정치의 장으로부터 배제시켜 그들의 심판과 선택을 통하지 않고도 집권을 계속할 수 있는 헌법 구조를 비합법적으로 만드는 일 이외에 방법이 없었다.[40] 유신과 비슷한 특성을 갖는 국가보위법이 있었지만, 이는 헌법에 규정된 것이 아닌 만큼 구조적이고 장기적인 강압통치 방식으로는 미흡했다.

박정희 대통령은 10월 17일 저녁 비상계엄령을 선언했다. 서울 곳곳에 탱크를 포함한 병력이 배치되었다. 비상계엄 선언과 함께 6개 항의 특별조치가 취해졌다. 그 내용은 국회를 해산하고 정당과 정치 활동을 금지시키는 것이었다. 또한, 헌법 일부 조항의 효력이 정지되고 그 기능은 비상국무회의가 대행하며, 향후 새로운 헌법 개정안을 공고하여 국민투표를 통해 확정하고, 개헌안이 확정되면 1972년 말까지는 헌정 질서를 정상화한다는 것이었다. 이는 명백히 헌정 질서를 무너뜨리는 또 다른 친위 쿠데타였다. 당시 헌법 규정에는 헌법을 정지시킬 수 있는 권한이 대통령에게 부여되어 있지 않았으며, 헌법을 비상국무회의가 대신할 수도 없었다.

그러나 열흘 뒤인 10월 26일 새로운 헌법 개정안이 비상국무회의에서 심의되었다. 열흘 만에 헌법 개정안이 제출되었다는 사실로 짐작해 볼 때 유신체제에 대한 준비는 오래 전부터 이미 이뤄지고 있었던 것이다. 헌법 내용은 '1인 독재체제의 완성'이었다. 대통령에게 모든 권한이 집중되고, 국회를 해산할 권한이 부여되었다. 그러나 국회의 대통령 탄핵권과 국정감사제도는 폐지되었다. 대통령은 국회의원의 3분의 1을 지명할 수 있는 권한이 부여되었다. 국회 개회 일수도 줄여서 정기국회 회기는 90일, 임시국회 회기는 30일을 넘을 수 없었고, 연간 국회 개원일은 150일을 넘지 못하도록 했다. 다만 대통령이 국회를 소집하는 경우에는 회기일에 제한을 두지 않았다.

사법부에 대해서도 제3공화국 헌법에서 규정한 법관추천회의를 폐지하고 대통령에게 대법원장과 대법원 판사 및 모든 법관들의 임명권을 부여했다. 대법원장은 대통령이 국회의 동의를 얻어 임명하도록 했고, 대법원 판사는 대법원장이 제청하여 대통령이 임명하는 것으로 했다. 일반 판사에 대한 임명과 보직 부여도 모두 대통령이 직접 하도록 했다. 대법원장은 6년, 일반 법관은 10년의 임기를 부여했고 연임을 위해서는 재임용 절차를 밟아야 했다. 법관들이 현직에 머무르기 위해서는 대통령의 눈치를 살펴야만 했다. 실제로 유신체제 출범 직후인 1973년 3월 법관 재임용 절차를 거치면서 46명의 법관을 탈락시켰다. 이제 입법, 사법, 행정의 모든 권한이 대통령 1인에게 집중되었다.

대통령과 국회의원 선출 방식도 대통령에게 유리하게 바꿨다. 대통령 선거의 경우 직선제를 폐지하고 통일주체국민회의 대의원 선거에 의한 간선 방식으로 대통령을 선출하도록 했다. 선거 횟수를 줄이기 위해 대통령과 국회의원 임기를 6년으로 늘렸으나, 대통령 지명에 의한 유신정우회 의원의 임기는 일반 국회의원의 절반인 3년으로 정했다. 대통령에 대한 충성도를 임기와 연계시킨 것이다. 대통령이 지명한 3분의 1의 의원들은 통일주체국민회의의 동의를 얻도록 했다. 국회의원 선거제도 역시 한 선거구에서 2인의 국회의원을 선출하도록 했다. 공무원과 여당 조직의 영향력을 고려할 때 여당은 최소한 1명은 당선시킬 수 있었고, 따라서 대통령은 유신정우회 3분의 1과 함께 언제나 국회 의석의 3분의 2 정도를 확보할 수 있도록 한 것이었다.

개헌은 대통령이 제안하는 경우에는 국회의 동의 과정 없이 곧바로 국민투표에 회부할 수 있도록 했다. 그러나 국회에서 개헌을 제안하는 경우에는 과반수의 동의로 발의하고 재적 3분의 2의 찬성으로 가결해야 하며, 통일주체국민회의에서 동의를 얻어야만 국민투표로 회부될 수 있었다. 통일주체국민회의가 대통령의 뜻과 다른 개헌에 동의해 줄 것으로 기대할 수 없었기 때문에, 이는 사실상 국회가 주도하는 개헌을 불가능하게 만들었다. 이처럼 유신헌법은 박정희 1인에게 입법, 사법, 행정의 모든 권한을 집중시켰고, 종신 통치를 가능하게 했다.

유신헌법으로 대통령에게 부여된 권한 중 가장 무시무시한 것은 긴급조치권이었다. 이는 유신체제에 반대하는 세력을 탄압할 수 있는 가장 강력하고 무서운 통제 수단이었고, 실제로 박정희가 반대자를 억압하는 수단으로 널리 활용되었다. 유신헌법 제53조는 '대통령이 국가 위기 상황이라고 판단되면 국민의 자유와 권리를 제한하는 긴급조치를 발동할 수 있다'고 규정하고 있는데, 법령은 〈표 2〉와 같다.

표 2 유신헌법 제53조

1	대통령은 천재·지변 또는 중대한 재정·경제상의 위기에 처하거나 국가의 안전보장 또는 공공의 안녕질서가 중대한 위협을 받거나 받을 우려가 있어 신속한 조치를 할 필요가 있다고 판단할 때에는 내정·외교·국방·경제·재정·사법(司法) 등 국정 전반에 걸쳐 필요한 긴급조치를 할 수 있다.
2	대통령은 제1항의 경우에 필요하다고 인정할 때에는 헌법에 규정되어 있는 국민의 자유와 권리를 잠정적으로 정지하는 긴급조치를 할 수 있고, 정부나 법원의 권한에 관하여 긴급조치를 할 수 있다.
3	제1항과 제2항의 긴급조치를 한 때에는 지체 없이 국회에 통고하여야 한다.
4	제1항과 제2항의 긴급조치는 사법적(司法的) 심사의 대상이 되지 아니한다.
5	긴급조치의 원인이 소멸한 때에는 대통령은 지체 없이 이를 해제하여야 한다.
6	국회는 재적의원 과반수의 찬성으로 긴급조치의 해제를 대통령에게 건의할 수 있으며, 대통령은 특별한 사유가 없는 한 이에 응하여야 한다.

대통령이 위기 상황이라고 판단하면 국민의 자유와 권리를 정지할 수 있고, 이는 사법적 심사의 대상이 되지 않는다는 것이다. 국회는 재적의원 과반수의 찬성으로 긴급조치 해제를 건의할 수 있다고 했으나 대통령이 3분의 1을 임명하고 나머지 여당 의원 역시 독재 대통령의 영향력하에 놓인 국회가 긴급조치 해제를 요구할 수 있을 것으로 보기는 어려웠다. 대통령의 자의적 판단에 따라 국민의 자유와 권리는 언제라도 침해당할 수 있었다.

이러한 개헌안은 비상국무회의 심의 다음날인 27일 공고되었고, 11월 21일 계엄하에서 개헌안에 대한 국민투표가 실시되었다. 억압적이고 살벌한 분위기 속에서 개헌 국민투표가 이뤄졌다. 총 유권자의 91.9%가 참여했고 그중 91.5%의 찬성으로 확정되었다. 투표율과 찬성

통일주체국민회의에 의한 대통령 선거(1972. 12. 23.) 이른바 '체육관 선거'의 시작이었다.

률이 모두 비정상적으로 매우 높다는 것을 알 수 있다. 계엄령하에서 모든 정치 활동이 봉쇄되면서 개헌안에 대한 반대 의견이 정치적으로 개진되기 어려웠고, 언론 역시 계엄하에서 엄격한 사전 검열을 받아야 했다. 계엄령과 함께 정당 활동이 금지된 상황에서 선거관리위원이나 투표와 개표 과정 역시 정당인의 참관이 불가능했다. 국민투표 결과의 공정성에 의심이 갈 수밖에 없었다. 91.9%, 91.5%라는 유사한 수치는 실제 수치라기보다 권력이 생각할 때 적절한 수준의 투표율과 찬성률이었을 가능성이 크다. 이때부터 한국의 민주주의는 질식 상태가 되었다. 민주주의의 신선한 공기를 다시 들여마실 수 있게 되기까지 길고 긴 투쟁과 고통의 시간을 보내야 했다.

개헌안이 통과된 후인 12월 13일 계엄령이 해제되었고, 12월 15일에는 통일주체국민회의 대의원 2,359명을 선출하는 선거가 실시되었다. 그리고 마침내 12월 23일 서울 장충체육관에서 대통령 선출을 위한 통일주체국민회의가 열렸다. 토론 없이 대통령 선출을 위한 투표를 거행했다. 사실 후보자가 한 명인 상황에서 토론을 한다는 것 자체가 무의미한 일이었다. 투표 결과 찬성 2,357표, 무효 2표로 박정희가 당선되었다. 북한에서의 투표 결과와 비슷하게 느껴질 만큼, 민주주의는 사실상 멈춰섰다. 통일주체국민회의라는 꼭두각시에 의한 '체육관 선거'는 이렇게 시작되었다.[41] 나흘 뒤인 27일 박정희는 제8대 대통령으로 취임했다. 대한민국 정치사에서 가장 억압적인 독재 시기였던 유신 시대는 이렇게 출범했다. 그리고 이와 함께 한국의 자유민주주의 체제는 완전히 모습을 감추게 되었다.

5 억압과 저항: 어둠 속의 빛

앞이 보이지 않는 칠흑 같은 정치적 어둠 속에서도 민주주의를 복원하기 위한 움직임은 서서히 나타나기 시작했다. 그러나 그 무렵의 야당은 무기력했다. 사실 유신체제의 등장에는 야당의 분열도 한몫했다. 1971년 국회의원 선거를 앞두고 '진산 파동'으로 신민당은 홍역을 치렀다. 당 대표인 유진산은 뚜렷한 이유 없이 선거 등록 마감일에 자신의 지역구인 영등포 갑 출마를 포기하고 전국구 1번으로 등록했다. 그 지역의 공화당 후보는 박정희의 처조카사위이고 청와대 수석비서관을 지낸 장덕진이었다. 선거 결과 신민당은 서울 지역 선거에서 영등포 갑을 제외하고 전 지역구에서 승리했다. 정권과의 유착에 대한 당내 반발이 거셀 수밖에 없었다. 결국 유진산이 물러나고 전당대회 의장이던 김홍일이 당수 권한대행을 맡게 되었다. 유진산은 1972년 전당대회에서 당수 복귀를 도모했으나, 이는 반유진산 세력의 거센 반발에 직면했다. 결국 신민당은 분열했다.

1972년 9월 26일 유진산, 고흥문, 김영삼, 이철승, 정해영 등 유진산을 지지하는 세력은 시민회관에서 전당대회를 개최했다. 그러나 반유진산계인 김홍일, 김대중, 양일동 등은 27일 효창동 김홍일의 자택에서 별도의 대회를 갖고 26일에 열린 전당대회의 무효를 선언했다. 결국 당내 두 세력 간의 다툼은 법정으로 이어지면서 김홍일 측은 유진산을 상대로 당대표 직무정지 가처분신청을 했다. 이런 와중에 10월 유신이 선포되었고 국회는 해산되었다.

1973년 2월 27일 유신체제 수립 이후 첫 국회의원 선거가 실시되었다. 대통령이 지명하는 3분의 1 의석을 제외한 146개 선거구에서 공화당은 절반인 73석을 차지했다. 한 선거구에서 2명을 선출하는 선거제도의 효과가 발휘되었다. 신민당은 52석, 민주통일당은 2석, 무소속은 19석을 차지했다. 여당은 공화당 73석과 대통령이 지명한 의원들로 구성되는 유신정우회 73석으로 전체 의석의 3분의 2를 확보했다.

선거를 앞둔 1973년 1월 23일 유진산이 대표직을 사퇴하면서 유신 이전에 있었던 신민당의 내분이 수습되기 시작했다. 그리고 국회의원 선거 이후인 1973년 5월 7일 실시된 신민당 전당대회에서 유진산은 총재로 다시 선출되었고, 신민당은 체제 순응적인 야당이 되었다. 유진산은 그해 박정희와 여야 영수회담을 갖기도 했다. 이처럼 제도 정치권 내에서의 유신에 대한 반대 목소리는 거의 들리지 않았다.

그러나 유신체제의 폭력성은 곧 본격적으로 드러나기 시작했다. 1971년 대통령 선거에서 야당 후보였던 김대중은 유신이 선포될 당시 일본에 체류 중이었다. 유신이 선포되자 김대중은 귀국하지 않고 일본과 미국을 오가면서 반유신 독재 운동을 펼치고 있었다. 그런데 1973년 8월 8일 일본 도쿄 그랜드팔레스 호텔에 묵고 있던 김대중을 중앙정보부 요원들이 납치했다. 이들은 김대중의 손발과 눈을 테이프와 붕대로 묶고 손목과 발목에 돌을 매달아 바다에 수장시키려고 했다. 그러나 김대중은 미국의 개입으로 죽음의 순간에 가까스로 목숨을 구했다. 외국에 망명 중인 정치 지도자를 정보기관이 개입하여 해당 국가도 모르게 강제로 납치한 사건은 국제적으로 큰 비난을 받을 수밖에 없었다. 특히 일본 정부는 주권 침해에 대해 크게 반발했고 한일 관계도 경색되었다. 김대중 납치 사건은 정적을 해치기 위해 수단과 방법을 가리지 않는 유신 정권의 무자비함을 일깨우는 계기가 되었다.

1973년 후반부터 유신체제에 대한 저항이 본격적으로 나타나기 시작했다. 이번에도 저항의 중심 세력은 대학생들이었다. 1973년 10월 2일 서울대학교 문리대 학생들이 학교 4·19 기념탑 앞에서 시위를 벌였다. 이들은 국민의 기본권을 보장하는 자유민주체제의 확립, 중앙정보부의 즉각 해체, 김대중 납치 사건의 진상 규명을 요구하며, 기성 정치인과 언론인의 각성을 촉구했다. 이후 서울대학교 법대와 상대 학생들도 시위에 나섰다. 서울대학교 학생들의 시위는 다른 대학의 학생들에게 자극이 되었고, 대학생들이 본격적으로 반유신 운동에 나서는 계기를 마련했다. 11월이 되면서 전국의 많은 대학에서 동맹 휴학과 가두시위 등으로 유신체제에 대한 저항에 동조했다. 정부는 시위를 막기 위해 대학의 조기 방학을 실시했지만, 12월에도 반정부 시위는 계속되었다. 시위가 확산되자 유화책으로 12월 7일 시위와 관련하여 구속된 학생들을 석방하고 학칙에 따른 처벌도 백지화했다.

그러나 대학생들의 유신체제에 대한 저항은 언론과 재야인사들에게도 영향을 미쳤다. 그동안 시위 사실을 제대로 보도할 수 없었던 기자들도 언론 자유 투쟁에 나섰다. 1973년 10월부터 《경향일보》, 《동아일보》, 《조선일보》, 《중앙일보》, 《한국일보》, 《신아일보》, 기독교방송, 문화방송 등의 기자들이 기자 총회를 열고 언론자유수호결의를 했고, 11월 29일에는 기자협회가 언론자유선언을 했다. 재야인사들 역시 반유신운동에 나서게 되었다. 1973년 11월 5일 민주수호국민협의회 인사들이 서울 YMCA에서 유신체제를 비판하는 시국선언을 했다. 이를 계기로 12월 24일에는 장준하, 함석헌, 김재준, 이병린, 지학순, 김수환 등이 헌법개정청원운동본부를 구성하고 '개헌 청원 100만 인 시명운동'을 전개하기로 했다.

박정희 정권은 유신체제를 부정하는 개헌청원운동에 대해 강경한 대응 입장을 밝혔다. 그러나 개헌청원운동은 상당한 반향을 일으키면서 확대되어 갔다. 그동안 무기력한 모습을 보이던 신민당도 개헌청원에 참여하기로 했고, 민주통일당도 합류했다. 1974년 1월 7일에는 공화당의 초대 당의장이었던 정구영과 전 사무총장인 예춘호가 공화당을 탈당하면서 개헌서명운동에 가담했다. 또한 이희승, 박두진, 김광섭, 김승옥, 백낙청, 안수길, 이문구, 김지하, 황석영 등 문학인 61명이 헌법 개정과 인권 보장을 촉구하는 결의문을 발표했다. 학생들로부터 비롯된 반유신 운동은 재야 인사와 문화인, 제도권 정치인들의 참여로 크게 확산되었다.

개헌 서명 운동이 활발하게 전개되자 박정희는 유신헌법에 규정한 긴급조치권을 행사했다. 1974년 1월 8일에 긴급조치 1, 2호가 공포되었다. 긴급조치 1호의 내용은 '유신체제에 대한 부정, 반대, 비방 등 어떠한 비판 행위도 금지하며, 유신헌법에 대한 개정, 폐지를 주장, 발의, 제안 또는 청원하는 행위도 금지한다'는 것이었다. 긴급조치 2호는 '1호 조치를 위반하는 자는 영장 없이 체포, 구속, 압수, 수색할 수 있으며, 일반 법원이 아니라 비상군법회의에서 재판하며 징역 15년 이하에 처한다'였다. 요약하면 유신헌법에 대한 어떠한 도전도 용인하지 않겠다는 것이었다. 이는 단순한 엄포가 아니었다. 긴급조치 공포 이후 '개헌지지 100만인 서명운동'을 벌인 장준하, 백기완은 1월 14일 구속되었고, 군법회의에서 15년형을 선고 받았다. 장준하, 백기완의 구속 직후 도시산업선교회 소속 김경락 목사 등 11명이 긴급조치 철회와 유신헌법 폐지를 요구하는 성명을 발표했고, 이들 역시 모두 구속되었다. 긴급조치 1, 2호에도 불구하고 민주화를 향한 노력과 유신체제에 대한 도전은 중단되지 않았던 것이다.

한편, 서울대학교 문리대를 중심으로 전국의 대학생들이 비밀리에 유신체제에 대항하는 시위를 조직하고자 했다. 지하학생조직이 실제로 존재했던 것은 아니었다. 산발적으로 일어나는 대학생들의 반유신 시위를 개별 캠퍼스를 넘어 상호 연계하여 동시 시위를 조직하려는 움직임이 있었다. 그러자 박정희 대통령은 1974년 4월 3일 특별담화를 통해 전국민주청년학생총연맹(민청학련)이라는 불법단체가 반국가적 불순활동을 전개하기 시작했으며, 이러한 불순세력을 뿌리 뽑기 위해 긴급조치 4호를 발동한다고 선언했다.[42]

1974년 1월

김지하

1974년 1월을 죽음이라 부르자
오후의 거리, 방송을 듣고 사라지던
네 눈 속의 빛을 죽음이라 부르자
좁고 추운 네 가슴에 얼어붙은 피가 터져
따스하게 이제 막 흐르기 시작하던
그 시간
다시 쳐 온 눈보라를 죽음이라 부르자
모두들 끌려가고 서투른 너 홀로 뒤에 남긴 채
먼 바다로 나만이 몸을 숨긴 날
낯선 술집 벽 흐린 거울 조각 속에서
어두운 시대의 예리한 비수를
등에 꽂은 초라한 한 사내의
겁먹은 얼굴
그 지친 주름살을 죽음이라 부르자
그토록 어렵게
사랑을 시작했던 날
찬바람 속에 너의 손을 처음으로 잡았던 날
두려움을 넘어
너의 얼굴을 처음으로 처음으로
바라보던 날 그날
그날 너와의 헤어짐을 죽음이라 부르자
바람 찬 저 거리에도

언젠가는 돌아올 봄날의 하늬 꽃샘을 뚫고
나올 꽃들의 잎새들의
언젠가는 터져 나올 그 함성을
못 믿는 이 마음을 죽음이라 부르자
아니면 믿어 의심치 않기에
두려워하는 두려워하는
저 모든 눈빛들을 죽음이라 부르자
아아 1974년 1월의 죽음을 두고
우리 그것을 배신이라 부르자
온몸을 흔들어
온몸을 흔들어
거절하자
네 손과
내 손에 남은 마지막
따뜻한 땀방울의 기억이
식을 때까지

《타는 목마름으로》(1982)

긴급조치 4호는 민청학련을 불법화함으로써 대학생들의 유신 반대 운동을 억누르려는 의도를 가지고 있었다. 긴급조치 4호는 '민청학련이나 이와 관련한 단체에 가입하거나, 그 활동을 찬동, 고무 또는 동조하거나 그 구성원에게 장소, 물건, 금품 그 외의 편의를 제공하거나, 그 활동에 관한 문서, 도서, 음반, 그 외의 표현물을 출판, 제작, 소지, 배포, 전시, 판매하는 것을 일제히 금지한다'는 것이었다. 이와 함께 학생의 출석 거부, 수업 또는 시험의 거부, 학교 내외의 집회, 시위, 성토, 농성, 그 외의 모든 개별적 행위를 금지하고 이 조치를 위반한 학생은 퇴학, 정학 처분을 받고 해당 학교는 폐교 처분을 받도록 했다. 이 조치를 위반하거나 비방하게 되면 영장 없이 체포되며 비상군법회의에서 사형, 무기 또는 5년 이상의 징역형에 처하도록 했다. 더욱이 '군의 지구사령관은 서울특별시장, 부산시장 또는 도지사에게 학생 탄압을 위한 병력 출동 요청을 받을 때는 이에 응하고 지원해야 한다'고 규정했다. 시위를 주동하면 사형에 처해질 수 있고 해당 학교는 폐교될 수 있도록 한 무시무시한 조치였다. 당시 서울대학교 학생이던 이철, 유인태, 강구철 등은 전국에 지명수배되었고 거액의 현상금이 붙었다.

시국이 이렇게 흘러가고 있을 때, 중앙정보부는 대구 지역의 혁신계 인사들이 인민혁명당(인혁당)을 재건하고 학생 운동을 배후 조정하다가 민청학련을 조직하여 대규모 시위 등을 통해 정부를 전복하고 공산주의 정권을 세울 모의를 했다는 발표를 했다. 중앙정보부의 발표는 "민청학련은 공산계 불법단체인 인혁당 재건위 조직과 재일 조총련계 및 일본 공산당, 국내 좌파 혁신계 인사가 복합적으로 작용, 1974년 4월

東亞日報

1974年5月27日

學園내 赤化基地 構築획책

民靑學聯관련 54명 拘束起訴

一〇二四명調査·七四五명訓放

동원資金 千萬원, 상당額이 不純

人革黨支援·日共産黨과 제휴

金芝河등에 敎示·資金받아

韓國, 北傀加入을 不反對

新民, 內務·文公委 召集요구

「民靑」眞相報告받고 對策추궁방침

農藥값 평균22%引上

用途따라 다른빛깔로 포장 販賣키로

민청학련 사건 발표에 관한 신문기사(《동아일보》 1974. 5. 27.)

3일을 기해 현 정부를 전복하려 한 불순 반동세력으로, 이들은 북괴의 통일전선형성 공작과 동일한 4단계 혁명을 통해 노동자, 농민에 의한 정권 수립을 목표로 했으며, 과도적 정치기구로 민족 지도부의 결성을 획책했다"[43]는 것이었다. 그리고 민청학련의 주동자는 인혁당 인사, 재일 조총련 인사, 일본 공산당 당원, 이철, 유인태, 유근일 등 대학생들이라는 것이다. 민청학련과 인혁당 재건위 관련자들은 심한 고문과 구타를 당했으며 검찰은 이에 따른 자백을 근거로 수사 결과를 제시했다.

그러나 사실 소위 '인혁당 재건위원회'는 실재 자체가 불분명했지만, 법원은 이들에게 어마어마한 중형을 선고했다. 비상보통군법회의는 1974년 7월 8일 인혁당 피고인 21명 중 7명에게 사형을, 8명에게 무기징역을 선고했다. 그 다음날에는 민청학련 관계자 중 유인태, 김지하, 이철 등 7명에게 사형을, 6명에게는 무기징역을 선고했다.

그러나 민청학련과 인혁당 사건은 유신체제에 대한 각계의 저항을 더욱 높이는 계기가 되었다. 민청학련과 인혁당 관련 구속자 석방 운동이 시작되었고, 특히 천주교를 비롯한 종교계에서 활발한 활동을 벌였다. 이로 인해 외국에서 귀국하던 지학순 주교가 1974년에 공항에서 체포되어 구금되기도 했다. 천주교정의구현전국사제단은 지학순 주교의 구속을 계기로 발족했으며, "유신 정권에 대한 가차 없는 비판을 통해 가장 강력한 투쟁의 구심" 중 하나가 되었다.[44] 사제단은 9월 26일 명동성당에서 2,000여 명의 성직자와 신도가 참여한 가운데 순교자 찬미 기도회를 열고 유신헌법 철폐와 긴급조치 무효화, 국민의 기본권 보장, 민주헌정 회복을 내건 시국 선언을 발표했다. 기도회가 끝난 뒤 성직자와 평신도들은 유신헌법을 철폐하라는 현수막을 들고 명동파출소 앞까지 평화시위를 벌이기도 했다.

한편, 미국과 일본 등지에서 유신 정권에 대한 비판과 함께 한국의 열악한 인권 현실에 대한 관심이 높아졌다. 특히 미국 하원 외교위원회에서는 한국의 인권 문제에 대한 공청회가 열렸고, 인권 상황과 군사, 경제 원조를 연계하려는 움직임도 나타났다. 박정희 정권은 8월 23일 개헌 논의 금지를 규정한 긴급조치 1호와 민청학련과 관련된 긴급조치 4호를 해제했다.

이 무렵 야당에서도 변화가 생겨났다. 신민당은 1974년 1월 유신헌법 개정을 당론으로 정하기는 했지만 그동안 별다른 역할을 행하지 못하고 있었다. 그런데 체제에 순응적이고 타협적이었던 유진산 총재가 1974년 4월 28일 병으로 세상으로 떠나면서 새로운 지도부 선출을 위한 신민당 전당대회가 8월 22~23일에 열렸다. 선명야당을 주장했던 김영삼이 당수로 선출되면서 이후 신민당은 유신 반대 투쟁에 합류하게 되었다.

김영삼은 1974년 10월 7일 정기국회 당대표 연설에서 "우리나라는 지금 국내외적으로 중대한 난국에 처해 있습니다. 반민주적인 긴급조치에 의해 민권 탄압이 사상 유례를 찾아볼 수 없을 형태로 심각한 국면에 직면하여 국민적인 저항이 여러 가지 형태로 폭발하고 있어 누가 보더라도 유신체제는 정권 안보로 밖에 볼 수 없습니다.…… 재작년 10월을 통해서(10월 유신) 박 정권은 정권을 성역화할 수 있는 제도적 장치를 마련하고도 부족하여 몇 차례나 긴급조치를 발동해야만 정권을 지탱하는 상태에 놓여 있습니다. 어떠한 능변이나 어떠한 명분으로 설명한다고 해도 10월 사태는 역사의 후퇴를 가져왔다는 것을 부인할 수 없습니다"[45]고 말했다. 명백한 유신체제에 대한 거부와 반대 의사를 나타낸 것이었다. 이와 함께 신민당은 10월 21일 국회에 유신헌법 개정을 위한 헌법 개정 기초심의 특별위원회 구성 결의안을 제출했다. 신민당은 11월

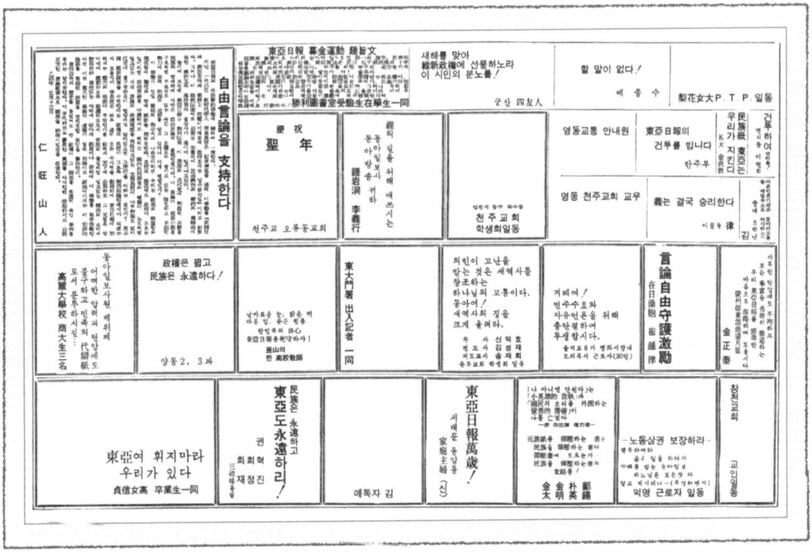

《동아일보》 독자 격려 광고(1975. 1. 13.)

정권의 압력으로 기업 광고를 게재하지 못하게 되면서, 독자들이 십시일반으로 격려 광고를 실었다.

12일에 자체적으로 만든 개헌안을 확정했는데, 통일주체국민회의의 폐지, 대통령 4년 중임제, 국정감사권 부활 등의 내용이 포함되었다. 그리고 공화당에 개헌 특위 요구를 수용하라고 촉구하면서 장외에서의 가두시위와 함께 지방에 개헌 운동 지부를 결성하기 시작했다.

유신헌법에 대한 저항은 언론계로도 이어졌다. 1974년 10월 24일 《동아일보》 기자들이 자유언론실천선언을 발표했고, 이러한 움직임은 《한국일보》, 《조선일보》, 《경향신문》, 《서울신문》 기자들에게까지 확산되었다. 그러나 박정희 정권은 이에 대해 광고 탄압으로 대응했다. 《동아일보》는 1975년 1월부터 7월까지 5개월여 동안 신문에 광고를 싣지 못했다. 정부가 광고주들에게 압력을 행사했기 때문이다. 수많은 시민들이 소액의 광고비를 내며 자발적인 격려 광고를 게재했지만 경영상 어려움을 극복하는 데는 충분하지 않았다. 결국 《동아일보》 경영진은 자유언론운동에 핵심적인 역할을 한 《동아일보》와 동아방송 기자들을 해고하고 다시 광고를 수주하기로 결정했다. 이로 인해 강제 해직된 기자들은 3월 18일 동아자유언론수호투쟁위원회를 결성했다.

재야인사들의 저항 활동도 활발해졌다. 민청학련 사건 이후인 1974년 12월 '민주회복국민회의'가 창립되었다. 국민회의는 1974년 12월 25일 창립총회를 가졌고, 전국적으로 7개 시도 지부와 20개 시군 지부를 결성했다. 국민회의의 결성은 유신에 맞서는 재야의 단일 조직이 형성되었다는 의미를 지닌다. 국민회의에는 윤보선, 백낙준, 이인, 정구영, 이희승, 김홍일, 유진오, 김재준, 심수환, 이정규, 윤제술, 정일형, 강신명, 정화암, 정석해, 진헌식, 홍익표, 김대중 등이 고문으로 참여했고, 대표위원으로 법조계의 윤형중, 이병린, 종교계의 강원룡 목사, 언론인 천관우, 문단의 김정한, 여성계의 이태영, 재야의 함석헌, 정치인 김영삼, 양일동, 김철 등이 선임되었다. 홍성우, 함세웅, 한승헌, 김병걸, 김정례 등은 운영위원으로 선임되었다. 지도부의 면면에서 알 수 있듯이, 재야, 종교, 학계, 문인 등 사회 각 분야와 신민당 김영삼, 민주통일당 양일동 등 현역 야당 총재도 함께 참여했다. 이전에 비해서 조직의 구성이나 참여의 폭도 매우 컸다. 그만큼 유신체제 저항에 대한 공감대가 확산되었던 것이다.

유신 반대 투쟁이 점차 가열되고 확산되면서 박정희 대통령은 1975년 1월 22일 특별담화를 통해 유신헌법에 대한 찬반 국민투표를 실시할 것을 발표했다. 박정희 대통령은 국민투표가 유신헌법에 대한 찬반 투표뿐만 아니라 대통령에 대한 신임투표로 간주할 것이라고 하며, 국민투표에서 패배한다면 불신임으로 간주하고 대통령직에서 물러나겠다고 했다. 이에 따라 국민투표 일자가 2월 12일로 정해졌다. 그러나 찬반에 대한 자유로운 토의가 이뤄질 수 없고, 언론도 탄압 받고 있는 상황에서 국민투표의 공정한 결과를 기대할 수 없었다. 민주화 운동 세력은 구속자 석방과 재야와의 대화를 요구하면서, 한편으로는 국민투표 거부 운동을 벌이기 시작했다. 김영삼 신민당 총재는 투표 전날인 2월 11일 오전 10시부터 투표 종료 시간인 다음날 오후 6시까지 32시간 동안 국민투표 거부를 위한 한시적 단식투쟁에 돌입했다.

종교계는 투표일에 명동성당과 기독교회관 등에서 국민투표 거부 기도회를 열었다. 그러나 1975년 2월 12일에 실시된 국민투표에서 총 유권자의 79.8%가 투표에 참여했고, 그중 73.1%가 찬성표를 던진 것으로 집계되었다. 박정희 정권은 유신헌법 찬반 국민투표에서 승리한 후 긴급조치 1, 4호 위반자 중 형이 확정되어 있던 56명과 지학순 주교, 김찬국 연세대학교 교수, 강신옥 변호사 등과 이철 등 민청학련 관련자 중 일부를 포함한 23명을 석방했다.

석방된 이들은 자신들이 수사를 받으면서 각종 고문을 당했다는 것을 폭로하기 시작했다. 구타, 전기고문, 총살 협박 등 온갖 육체적, 정신적 고문과 허위자백을 강요받았다고 폭로했다. 이에 따라 고문과 강압에 의한 조작에 대한 재야와 야당의 비판과 공세가 거세지기 시작했다. 신민당은 진상조사를 결의하고 관계자에 대한 응분의 조치를 요구했다. 고문이 쟁점이 되던 상황에서 조윤형, 홍영기, 조연하, 최형우, 김상현, 박종률 등 야당 의원 13명은 1972년 10월 유신 직후 보안사령부와 중앙정보부 등 수사기관에 끌려가서 자신들도 갖가지 고문을 당했다고 폭로했다. 이 중 1971년 대선 당시 김대중 후보의 청년기동대 내상이었던 박종률이 밝힌 유신 직후 고문 내용을 소개하면 다음과 같다.

> 밤 11시 30분경 영등포 6관구 헌병대 콘세트로 끌려갔다. 옷을 벗긴 후에 물고문, 곤봉과 구둣발로 구타하기, 물속에 처박기 등 고문이 계속됐다. 어떤 때는 벌거벗긴 채 영하 10도의 밖으로 끌고나가 방공호에 눕히고 몇 삽 흙으로 덮기도 했다. '흙으로 덮어버리면 너는 그냥 간다. 사실대루 말하면 살려준다' 그들이 요구하는 내용은 71년 4월 18일 김대중의 장충동 유세가 있은 뒤 화신백화점 앞까지 벌어졌던 데모가 바로 김대중의 지령에 의한 것이며 청와대까지 쳐들어갈 계획이었다는 것을 불라는 것이었다.[46]

한편, 민청학련 관련자들이 석방되면서 인혁당 사건의 진상에 대한 관심이 높아졌다. 개신교와 가톨릭 등 종교계에서는 인혁당 관련자들이 제대로 된 증거 없이 사형, 무기징역 등의 중형을 받았다는 사실을 알렸다. 오글George E. Ogle(한국명 오명걸) 목사나 시노트James Sinnott(한국명 진필세) 신부 등 외국인 종교인들도 인혁당 사건의 문제점을 알리고 구속자들을 돕기 위해 애쓰다가 모두 강제 출국 혹은 체류 연장 거부에 의해 한국을 떠나야 했다. 인혁당 사형 선고자 7명과 민청학련 사형 선고자 중 인혁당과 관련된 1명은 1975년 4월 8일 대법원 확정 판결이 난 다음날 모두 형장의 이슬로 사라졌다.

1975년에 치러진 국민투표를 통해 박정희는 유신체제 반대 요구를 정면으로 돌파하려 했지만, 새 학기가 되면서 대학가는 다시 반유신 시위에 나섰다. 1975년의 투쟁 쟁점은 민청학련 사건으로 구속되었다가 석방된 교수와 학생들의 복직, 복교 문제였다. 정부는 복교나 복직 불가 방침을 밝혔지만, 연세대학교, 한신대학교, 서강대학교에서는 이들을 받아들이기로 결정했다. 연세대학교는 석방된 학생들의 복학 서류를 승인했고 김찬국, 김동길 교수의 복직도 허용했다. 이에 대해 문교부는 복직, 복교 방침을 철회하지 않으면 총장과 이사장에 대한 승인을 취소하겠다고 통보했다. 그러자 연세대학교 총학생회는 잇달아 학생총회를 열고 교내 시위를 벌였다. 특히 민청학련 사건 1주년이 되던 1975년 4월 3일에는 연세대학교에서 약 6,000명의 학생이 참가하여 긴급 학생총회를 열고 정문에서 경찰과 투석전을 벌였고, 일부는 학교 밖으로 나가 가두시위를 벌였다. 이날 시위로 연세대학교는 2달간 휴교령이 내려졌고 박대선 총장은 사임해야 했다.

이러한 분위기는 곧 다른 학교로 이어져 확산되었다. 1975년 4월 3일에는 새로 이전한 서울대학교 관악 캠퍼스의 아크로폴리스 광장에서 2,000여 명이 모여 수감 중인 이현배, 유인태, 김효순, 이강철 등 동료 학생들의 석방과 민청학련 관련자의 해금과 복교를 요구하는 시위를 벌였다. 4월 7일에는 2,000여 명의 고려대학교 학생들이 시위를 벌였다. 이 중 500여 명의 학생들은 도서관에 진입하여 철야농성을 벌였다. 그 이튿날 오전에 등교한 이들과 합류하여 3,000여 명의 학생들이 다시 격렬한 시위를 벌였다. 그날 오후 고려대학교의 휴교를 명하는 긴급조치 7호가 발동되었다. 곧이어 한신대학교, 서울대학교의 8개 단과대학, 한국외국어대학교, 서강대학교 등이 휴교에 들어갔다.

6 긴급조치 9호와 총력 동원 체제

긴급조치 7호까지 발동했지만 학생들의 저항은 줄어들지 않았다. 1975년 4월 11일에는 서울대학교 농과대학 학생인 김상진이 민주주의의 회복을 요구하며 집회 중 자결했다. 이 사건은 또다시 학생들을 자극했고, 추모 집회와 시위가 잇달았다. 그러나 4월 30일 북베트남이 남베트남을 붕괴시키는 사태가 발생했고, 이로 인해 안보 위기감이 고조되었다. 박정희 정권은 안보 위기를 최대한 활용했다. 전국 곳곳에서 사실상 정부가 지원하는 안보 궐기 대회가 열렸고 방위성금 모금도 진행되었다. 이러한 안보 위기감의 조장 속에서 박정희 정권은 5월 13일 유신헌법에 대한 포괄적 금지를 규정한 긴급 조치 9호를 발동했다.[47]

긴급조치 9호는 특정한 상황이나 사건에 대한 대응의 성격을 가졌던 이전의 긴급조치와 달리 유신헌법과 정권에 대한 비판이나 도전, 부정적 행위를 금지하는 매우 포괄적인 내용을 담고 있었다. 이는 기존의 모든 긴급조치를 넘어서는 완성판이었다.

구체적인 내용을 보면, 유언비어 날조와 전파 금지, 사전에 허가 받지 않은 집회와 시위, 정치 관여 행위 금지라는 것은 유신헌법과 관련된 사실상 어떠한 비판이나 반대도 허용하지 않겠다는 의미를 담고 있다. 유언비어 여부는 결국 권력이 판단하게 되는 것이므로 이 조치는 자유민주주의의 가장 기본적인 권리인 표현과 언론의 자유를 사실상 박탈한 것이었다. 더욱이 언제라도 영장 없이 체포, 구금할 수 있도록 했다. 또한 이 조치를 위반하게 되는 경우에는 당사자뿐만 아니라 소속 학교, 단체나 사업체, 그 대표에게까지 제적, 해임, 해산, 폐쇄, 면허 취소의 조치를 취할 수 있게 했고, 그 조치가 무엇이든지간에 사법적 심사의 대상이 되지 않도록 했다. 국회의원의 발언도 '보도 되고 전파 되면' 처벌할 수 있도록 했다. 이때 발동된 긴급조치 9호는 박정희 정권의 몰락까지 유지되었다. 긴급조치 9호 이후 여러 가지 다른 강압조치들이 뒤를 이었다. 명분은 인도차이나의 공산화로 인한 안보 위기였다. 7월 8일 박정희 정권은 사회안전법, 민방위기본법, 방위세법, 교육관계법 개정안을 발표했고, 학도호국단 부활, 주민등록제, 반상회 실시 등의 조치를 취했다.

박정희가 긴급조치 9호를 발표한 다음날 대학에 대한 억압적인 조치가 내려졌다. 각 대학 내 모든 동아리를 해산시켰고, 대학뿐만 아니라 고등학교까지 총학생회를 폐지하고 군사 교육 체제인 학도호국단을 결성하도록 했다. 학도호국단은 이승만 정권 때 존재했다가 4·19 혁명 이후에 폐지되었으나 긴급조치 9호 발동 이후에 부활한 것이다.

대학은 학도호국단 설치로 군대 편제를 따르게 되었다. 학도호국단 간부는 학생들이 선출하는 것이 아니라 대학에서 임명했고 이들은 1주일 동안 의무적으로 유신체제에 대한 이해를 높이고 애국심을 함양하는 정신 교육을 받도록 했다. 교수들에게도 억압적 조치가 내려졌다. 체제 저항적 활동을 행한 교수들은 해직되었다. 교육공무원법과 사립학교법을 개정하여 교수재임용제를 도입했다. 그리고 새 학기 시작 직전인 1976년 2월 28일에 416명의 교수를 재임용에서 탈락시켰다. 정권의 입맛에 맞지 않는 교수들은 언제라도 재임용의 고리를 걸어 내쫓을 수 있게 만든 것이었다.

긴급조치 9호 발동 이후 민방위 조직 역시 강화되었다. 17세부터 50세까지의 남성 중에서 군, 학도호국단, 예비군에 해당되지 않는 이들을 민방위 조직으로 편입했다. 매달 행하는 주기적인 민방위훈련을 통해 일반 국민들에게까지 반공주의와 안보위기감을 주입했다. 주민등록제도 개정해서 1975년 7월 25일부터 주민등록증 발급 대상 연령을 17세로 낮추고 경찰 등 공안 관계자가 주민등록증 제시를 언제라도 요구할 수 있도록 했다. 이듬해 9월 22일에는 주민등록증을 일제히 갱신하도록 해서 체제 저항 운동에 가담했다가 도피 중인 수배자들의 검거에도 이용했고, 그때까지 유명무실하던 반상회를 활성화시켜 국정홍보, 반공교육, 수배자 정보 확보 등을 위한 수단으로 활용했다.

긴급조치 9호 발동 직후인 7월 16일에는 반공법과 국가보안법 위반자에게 출옥 후에도 보안처분에 따라 사회로부터 격리시키는 사회안전법을 통과시켰다. 법원에서의 판결에 따라 정해진 형기를 마쳤음에도 불구하고 권력의 뜻에 따라 자유로운 삶을 영위하지 못하도록 했다. 세 가지 형태의 보안처분이 내려질 수 있었는데, 보호감호처분은 일종의 교도소인 보호 감호소에 수감하는 것이었고, 주거 제한은 말 그대로 주거지를 제한하는 것이었으며, 보호관찰은 거주지의 제한은 없으나 주거지를 경찰서장에게 신고하고 지시를 받는 등 감시하에 놓여야 하는 조치였다. 일차적인 대상은 비전향 장기수였지만 사실 누구라도 대상이 될 수 있었다.

이처럼 긴급조치 9호 발동 이후 박정희 정권은 전방위적으로 체제 유지를 위한 강압적 조치를 마련해 두었다. 유신체제가 1973년 처음 모습을 드러냈을 때 그것이 체제 저항 세력이 아닌 일반 국민의 삶에 미치는 영향은 제한적이었다. 그러나 긴급조치 9호 이후의 유신체제는 안보 위기를 명분으로 한 군사적인 총력 동원 체제의 특성을 갖게 되었고, 국민 모두가 억압적 조치로부터 자유로울 수 없게 되었다.

무시무시한 공포 정치에서도 민주주의를 향한 저항은 끊이지 않았다. 긴급조치 9호가 내려진 1975년 5월 13일로부터 얼마 지나지 않은 5월 22일 서울대학교 학생들이 4월 집회에서 자결한 김상진을 추모하기 위한 시위를 벌였다. 시위 주도 학생들은 플래카드를 펼치고 준비한 조사弔詞와 반독재선언문을 낭독했다. 이에 1,000여 명의 학생들이 모여들었고, 이어 경찰과 격렬하게 대립했다. 경찰은 강의실까지 들어와 학생들을 연행했는데 이날 300여 명이 경찰서에 끌려갔다. 이는 긴급조치 9호 발동 이후의 첫 시위였다. 이 시위로 인해 서울대학교 총장이 사임했고, 치안본부장과 관할서인 서울 남부경찰서장이 경질되었다. 대학 내에서 시위가 발생했다는 이유로 서울대학교 총장이 사임해야 하는 지경이었다.

긴급조치 9호(1975. 5. 13.)

① 다음 각 호의 행위를 금한다.

가. 유언비어를 날조, 유포하거나 사실을 왜곡하여 전파하는 행위

나. 집회·시위 또는 신문, 방송, 통신 등 공중전파 수단이나 문서, 도화, 음반 등 표현물에 의하여 대한민국 헌법을 부정·반대·왜곡 또는 비방하거나 그 개정 또는 폐지를 주장·청원·선동 또는 선전하는 행위

다. 학교 당국의 지도, 감독하에 행하는 수업, 연구 또는 학교장의 사전 허가를 받았거나 기타 예외적 비정치적 활동을 제외한, 학생의 집회·시위 또는 정치 관여 행위

라. 이 조치를 공연히 비방하는 행위

② 제1에 위반한 내용을 방송·보도 기타의 방법으로 공연히 전파하거나, 그 내용의 표현물을 제작·배포·판매·소지 또는 진시하는 행위를 금한다.

③ 재산을 도피시킬 목적으로 대한민국 또는 대한민국 국민의 재산을 국외에 이동하거나 국내에 반입될 재산을 국외에 은닉 또는 처분하는 행위를 금한다.

④ 관계 서류의 허위 기재 기타 부정한 방법으로 해외 이주의 허가를 받거나 국외에 도피하는 행위를 금한다.

⑤ 주무부장관은 이 조치 위반자·범행 당시의 그 소속 학교·단체나 사업체 또는 그 대표자나 장에 대하여 다음 각 호의 명령이나 조치를 할 수 있다.

가. 대표자나 장에 대한, 소속 임직원·교직원 또는 학생의 해임이나 제적의 명령.

나. 대표자나 장·소속 임직원·교직원이나 학생의 해임 또는 제적의 조치

다. 방송·보도·제작·판매 또는 배포의 금지 조치

라. 휴업·휴교·정간·폐간·해산 또는 폐쇄의 조치

마. 승인·등록·인가·허가 또는 면허의 취소 조치

⑥ 국회의원이 국회에서 직무상 행한 발언은 이 조치에 저촉되더라도 처벌되지 아니한다. 다만 그 발언을 방송·보도·기타의 방법으로 공연히 전파한 자는 그러하지 아니한다.

⑦ 이 조치 또는 이에 의한 주무부장관의 조치에 위반한 자는 1년 이상의 유기징역에 처한다. 이 경우에는 10년 이하의 자격정지를 병과한다. 미수에 그치거나 예비 또는 음모한 자도 또한 같다.

⑧ 이 조치 또는 이에 의한 주무부장관의 조치에 위반한 자는 법관의 영장 없이 체포·구속·압수 또는 수색할 수 있다.

⑨ 이 조치 시행 후, 특정범죄 가중처벌 등에 관한 법률 제2조(뇌물죄의 가중처벌)의 죄를 범한 공무원이나 정부관리·기업체의 간부직원 또는 동법 제5조(국고손실)의 죄를 범한 회계관계직원 등에 대하여는, 동법 각조에 정한 형에, 수뢰액 또는 국고손실액의 10배에 해당하는 벌금을 병과한다.

⑩ 이 조치 위반의 죄는 일반법원에서 심판한다.

⑪ 이 조치의 시행을 위하여 필요한 사항은 주무부장관이 정한다.

⑫ 국방부 장관은 서울특별시장, 부산시장 또는 도지사로부터 치안질서유지를 위한 병력출동의 요청을 받은 때에는 이에 응하여 지원할 수 있다.

⑬ 이 조치에 의한 주무부장관의 명령이나 조치는 사법적 심사의 대상이 되지 아니한다.

⑭ 이 조치는 1975년 5월 13일 15시부터 시행한다.

유신 정권의 억압은 학생들이나 저항적 지식인에게만 해당되는 것은 아니었다. 야당인 신민당의 김옥선 의원은 1975년 10월 8일에 열린 국회 본회의 대정부 질문을 통해서, 유신체제를 스탈린, 히틀러, 무솔리니의 체제에 비유하고, 전쟁심리 조장은 독재자의 영구 집권욕을 위해 동원되는 방편이라고 비판했다. 김옥선 의원은 "전국을 뒤흔드는 각종 안보궐기대회, 민방위대 편성, 학도호국단의 조직, 군가 보급, 부단한 전쟁 위협 경고 발언, '싸우면서 건설하자'는 구호 등은 국가안전보장을 빙자한 정권 연장의 수단이다. 전쟁 도발 가능성의 판단은 오로지 독재자의 전유물이며 독재자는 자신의 실정을 국가 안보라는 절대적 명제로 깔아뭉개고 국민을 사병화하여 국민 생활을 끊임없는 전투와 같은 상황에 놓이게 하고 있는데, 지금과 같은 전쟁 위기 조성의 이면에는 남침대비라는 정도를 넘어선 정치적 의도가 숨겨져 있다"[48]고 유신체제를 정면으로 비판했다. 국회 내에서 행한 발언임에도 불구하고, 정일권 국회의장은 김옥선 의원 제명 건을 법제사법위원회에 직권 회부했으며 법제사법위원회는 10월 10일 제명을 결정했다.

본회의 의결 직전에 김옥선 의원이 자진 사퇴서를 제출했지만, 야당의원들이 불참한 가운데 10월 13일 공화당은 단독으로 본회의를 열고 김옥선 의원의 사퇴를 만장일치로 의결했다. 의원 직 사퇴로도 충분치 않아서 그 뒤에 김옥선에게 선거법 및 집회와 시위에 관한 법률 위반 혐의를 적용했고, 법원은 징역 1년과 집행유예 2년을 선고했다. 통일사회당 김철 당수 역시 1975년 8월 27일 긴급조치 9호의 해제를 주장하다가 즉각 구속되었다. 김철은 징역 2년에 자격 정지 2년 형을 받고 복역

했다. 일반 시민은 말할 것도 없고 정치권 인사라고 해도 체제에 대한 도전은 결코 용납되지 않았다.

유신체제 도전에 대한 권력의 억압은 극에 달해 갔지만, 억압과 공포가 민주주의를 향한 국민의 여망을 송두리째 빼앗아 갈 수는 없었다. 명동성당에서 1976년 3월 1일 3·1절 기념 미사가 열렸다. 기념 미사는 가톨릭계뿐만 아니라 개신교 목사들도 함께 참여했다. 이날 윤보선, 김대중, 문익환, 김승훈, 함석헌, 함세웅, 김승훈, 안병무, 정일형, 윤반웅, 이태영, 문동환, 서남동, 이문영, 이우정, 장덕필, 김택암, 안충석, 문정현, 은명기 등의 공동 명의로 된 민주구국선언서가 발표되었다. 이 구국선언서에서는 긴급조치 9호의 철폐, 의회 정치 복구, 사법부 독립 등을 촉구했으며 성장 위주의 경제 발전 정책에 대한 우려와 민족 통일이 시대적 과제임을 강조했다.

박정희 정권은 곧바로 이러한 도전에 대해 응징했다. 그날 밤 시국선언에 관련된 인사들에 대한 연행이 시작되었다. 검찰은 3월 10일 '일부 재야인사들의 정부 전복 선동사건'으로 규정하여 관련자 20여 명을 긴급조치 9호 위반으로 입건했다고 밝혔다. 이듬해 3월 22일 대법원의 확정 판결이 났는데, 노령인 윤보선, 함석헌, 정일형과 여성인 이태영, 이우정은 형 집행 정지로 석방되었지만, 문익환, 김대중, 문동환, 이문영, 윤반웅, 함세웅, 신현봉, 문정현, 서남동 등 9명은 풀려나지 못했다.[49] '3·1 민주구국선언 사건'은 이렇게 마무리되었지만, 파장은 작지 않았다. 전직 대통령과 야당 대통령 후보, 재야의 원로, 종교 지도자 등 사회 각계각층의 인사들이 모두 포함되어 있었기 때문이다.

한편, 대학과 재야에서 지속적으로 유신체제에 대한 저항이 이뤄진 것과 달리, 야당에서는 유신체제를 사실상 수용하는 지도부로 교체되었다. 1976년 5월 25일 서울시민회관에서 차기 당수를 선출하는 신민당 전당대회가 열렸다. 그러나 지도체제를 개편하는 문제를 놓고 주류와 비주류가 날카롭게 대립했다. 비주류 측에서는 단일지도체제는 한 사람이 당을 자의적으로 끌고 갈 수 있기 때문에 집단지도체제가 필요하다고 주장했다. 파벌 간 갈등이 고조되면서 비주류 측에서는 사전에 폭력으로 대회장을 점거하고 대회를 독자적으로 치르고자 했다. 결국 전당대회는 각목을 휘두르고 폭력을 행사하는 난장판이 되었다.[50]

이로 인해 경쟁자였던 김영삼과 이철승은 각각 별도의 전당대회를 열었다. 주류 측에서는 21명의 의원과 415명의 대의원이 참석했고, 비주류 측은 34명의 의원과 372명의 대의원이 참석했다. 김영삼은 자신이 당 총재이기 때문에 자신이 개최한 전당대회가 적법한 것이라고 주장했지만, 중앙선거관리위원회는 김영삼의 임기는 끝이 났기 때문에 총재 자격이 없다고 해석했다.

이후 신민당은 1명의 대표최고위원과 7명의 최고위원을 두는 집단지도체제로 당헌을 개정하고 9월 15~16일에 전당대회를 갖기로 했다. 새로이 거행한 신민당 전당대회에서 이철승이 2차 투표까지 가는 접전 끝에 김영삼을 누르고 대표최고위원으로 선출되었다. 이철승은 '중도통합론'을 주장하면서 한국의 안보 문제를 고려할 때 유신체제의 필요성을 부인할 수 없다는 입장이었다. 유신체제를 인정하며 '참여하의 개혁'을 외치는 지도부로 야당이 바뀌면서 야당의 투쟁 강도는 매우 약화될 수밖에 없었다. 이 무렵 학원가에서도 산발적인 시위나 유인물 살포 등을 제외하면 유신 반대 운동은 전반적으로 소강 상태에 머물렀다.

하지만 1978년이 되면서 반유신 민주화 운동이 급격히 고조되기 시작했다. 무엇보다 1978년은 선거가 있는 해였다. 1972년 유신헌법에 따른 대통령과 국회의원 선출 이후 6년이 지났기 때문에 대통령 선출을 위한 통일주체국민회의 대의원 선거와 국회의원 선거를 치러야 했다. 제2대 통일주체국민회의 대의원 선거는 5월 18일로 예정되어 있었고, 대통령 선출을 위한 두 번째 '체육관 선거'는 7월 6일이었다.

5월이 되면서 각 대학에서 유신헌법 철폐를 요구하는 저항이 다시 본격화되었다. 서울대학교 등 대학에서는 통일주체국민회의 대의원 선거에 반대하는 동맹 휴학이나 시위가 있었고 시내에서 가두시위를 벌이기도 했지만, 통일주체국민회의 대의원 선거는 별다른 사고 없이 치러졌다. 투표율은 79%였다. 7월 6일에 치러진 대통령 선거에서 박정희는 단독으로 입후보하여 통일주체국민회의 대의원 2,578명 중 찬성 2,577표, 무효 1표로 당선되었다. 투표 결과는 북한의 선거처럼 사실상 '선거'라고 부를 수 없는 요식要式 행위에 불과한 것임을 잘 보여주고 있다.

이처럼 유신체제가 만들어 놓은 1인 독재체제가 '안정적으로' 돌아가고 있는 듯이 보였지만, 국민들 사이에 퍼져나간 유신체제에 대한 광범위한 불만은 1978년 12월 12일에 치러진 국회의원 선거를 통해 극적으로 표출되었다. 유신의 절정기에 실시된 선거였지만, 의외의 결과가 나타났다. 지역구 선거에서 154석 가운데 민주공화당은 68석을 얻었고, 야당인 신민당은 61석을 얻었다. 이밖에 민주통일당이 3석, 무소속 의원이 22석을 얻었다. 대통령이 지명할 수 있는 유신정우회 의석 77석이 있기 때문에 집권 세력이 다수 의석을 확보하는 데는 애당초 문제가 없었다. 그러나 득표율에서 놀라운 결과가 나타났다. 야당인 신민당은 32.8%를 득표해서 공화당의 31.7%보다 득표율에서 1.1% 앞섰다. 여기에 또 다른 야당인 민주통일당의 득표율 7.4%까지 합친다면 집권 세력인 공화당은 선거에서 명백히 패배한 것이었다. 정치적으로 보다 예민한 서울, 부산 등 대도시 지역에서 공화당은 고전했다. 의석 수에서는 제도적으로 여당이 유리하도록 되어 있었기 때문에 야당이 더 많은 의석을 차지한다는 것은 기대할 수 없는 일이었지만, 득표율에서 여당이 야당에게 패배함으로써 1978년 국회의원 선거 결과는 유신체제에 대한 국민의 불만이 폭넓게 퍼져 있다는 사실을 잘 보여주었다.

유신체제가 가장 극에 달했던 순간에도 선거를 통해 권력자에 저항하는 유권자의 민심은 또다시 선거 정치를 통해 표출되었다. 1960년 4·19 혁명 이전의 1956년 대선이나 1958년 총선에서 이승만에 대한 불만이 사전에 표출되었던 것처럼, 1978년 총선 역시 박정희 체제에 대한 불만이 선거를 통해 나타난 것이다. 선거 후 정국은 급격히 혼란 상황으로 빠져들게 되면서, YH 사태, 김영삼 신민당 총재 제명, '부마사태', 유신체제의 종식을 고한 10·26 사태로까지 숨가쁘게 이어졌다.

7 어둠의 끝, '유신의 심장을 쏘다'

1979년이 되었다. 대학가는 비교적 조용했다. 그러나 야당에서는 의미심장한 변화가 발생했다. 1979년 5월 30일 신민당 전당대회가 열렸다. 중도통합론으로 유신체제를 수용했던 이철승 대표최고위원에 대해 김영삼 전 총재가 도전했다. 체제 수용의 중도통합론과 선명 야당론의 대결이 되었다. 김대중 역시 김영삼을 지지했다. 한편, 신민당은 당헌을 수정하여 집단지도체제에서 단일지도체제로 변경했다. 1차 투표에서는 이철승이 1위를 차지했으나 과반수를 넘지 않아 2차 투표로 갔다. 2차 투표에서 김영삼이 378 대 367인 근소한 차이로 극적으로 승리하면서 2년 반 만에 다시 신민당의 총재가 되었다.

박정희 정권은 김영삼을 낙선시키기 위한 공작을 펼쳤지만 실패했다. 김영삼은 선명 야당을 내세웠고, 이에 따라 유신체제에 대한 야당의 도전의 강도가 강화되기 시작했다. 김영삼은 국회에서 대정부 질문을 통해 "공화당 정권이 지난 선거에서 불신임 당했기 때문에 이 이상 존립의 명분을 잃었습니다.…… 오늘의 긴급조치가 이 이상 장기화되는 것은 절대로 나라의 장래에 불행을 가져올 것으로 확신하며 박정희 대통령의…… 결단을 촉구합니다.…… 나는 여기에 우리 국회가 헌법 개정을 뒷받침하기 위하여 국회에 헌법개정특별위원회를 구성할 것을 정식으로 제의하는 바입니다"[51]라고 말했다. 이로써 체제 도전 세력으로서의 선명 야당이 출현하게 되었다.

김영삼이 야당 총재가 된 이후 정치적으로 격랑이 몰아치기 시작했다. 그런데 뜻밖의 사건이 정국의 흐름을 더욱 거세게 바꾸어 놓았다. 1979년 8월 9일 가발제조업체인 YH무역에서 일하는 여성 노동자 170여 명이 신민당사로 몰려와서 회사 운영의 정상화와 노동자들의 생존권 요구를 주장하며 점거 농성을 했다. 회사 사장은 경영난을 이유로 밀린 월급을 주지 않고 폐업을 한 채 미국으로 떠나버렸다. 그러나 박정희 정권은 이들의 농성에 대해 강경하게 대응했다. 노동자들의 저항이 선명 노선을 강조하는 야당과 연결되는 것을 우려했기 때문이다. 경찰은 8월 11일 새벽에 대규모 병력을 동원하여 야당 당사에 난입해 농성 중이던 노동자들을 강제로 연행하고, 야당 국회의원과 당원들에게도 폭력을 행사하며 마구잡이로 연행했다. 이 와중에 YH무역 노동자인 김경숙이 추락하여 사망했다. 박정희 정권은 YH 사건과 함께 노동계나 이를 지원한 도시산업선교회뿐만 아니라 야당에 대한 강경한 대응책을 취하기 시작했다.

무엇보다 김영삼을 퇴진시키기 위한 공작 정치를 행했다. 먼저 김영삼이 총재로 당선된 신민당 전당대회가 법적으로 문제가 있다는 것을

경찰에 의해 강제 연행되는 YH 농성 노동자들

노동자들과 야당이 연계되는 것을 막기 위해 야당 당사에까지 경찰이 난입하여 마구잡이로 연행해 갔다.

찡계로 총재로서의 권한 행사를 제한하고자 했다. 전당대회에 참여한 이들 중 당원 자격을 갖추지 못한 이들이 일부 투표에 참여했기 때문에 전당대회는 적법하지 않다는 것이었다. 윤완중, 유기준, 조일환 등 3개 원외 지구당 위원장들이 그런 이유로 김영삼 등 총재단 전원에 대한 직무정지 가처분신청을 했다. 법원은 곧바로 가처분신청을 받아들여 총재단의 직무집행 정지조치를 내렸고, 정운갑 전당대회 의장을 총재 직무대행으로 선임했다. 정당 지도부의 직무정지에 대한 법원의 신속한 판결도 판결이었지만, 법원이 판결을 통해 정당 총재의 직무대행까지 선임한 것은 재판의 배후에 박정희 정권이 있다는 사실을 알려준다. 김영삼 총재는 판결 후 외신 기자회견을 통해 가처분결정은 야당을 말살하려는 행위이며 민주주의를 회복하기 위한 범국민적 항쟁을 벌이겠다고 선언했다. 또 카터Jimmy Carter 행정부에도 독재자인 박정희 정권에 대한 지지를 철회하라고 요구했다.

한편, 김영삼 총재는《뉴욕타임스》와의 인터뷰에서 유신체제를 비판하고 남북관계 개선을 위해 김일성과 만날 용의가 있다는 뜻을 밝혔고, 한국의 민주화를 위해 미국이 박정희 정권에 압력을 행사해야 한다고 주장했다. 공화당과 유신정우회는 김영삼 총재의《뉴욕타임스》인터뷰 내용을 빌미로 삼아 이를 사대주의적이고 반국가적 언동으로 규정하고 김영삼을 의원직에서 제명하기로 결정했다. 여당 의원 160명의 이름으로 김영삼 의원의 징계 동의안이 제출되었고, 10월 4일 경호권을 발동한 가운데 여당 의원들만으로 본회의장이 아닌 별실에서 김영삼의 의원직을 박탈하는 강경 조치를 취했다.

현직 야당 총재를 의원직에서 제명시키자 야당은 크게 반발했다. 야당은 무기한 등원 거부를 선언했고 뒤이어 신민당 의원 66명 전원과 통일당 의원 3명이 모두 국회의원직 사퇴서를 제출했다. 미국 역시 강경하게 대응했다. 미 국무성은 깊은 유감의 뜻을 표했으며, 글라이스틴 William H. Gleysteen, Jr 주한미국대사를 미국으로 소환했다.

김영삼의 의원직 제명은 또 다른 대규모 저항을 불러일으켰다. 김영삼의 정치적 고향이라고 할 수 있는 부산과 마산에서 유신체제에 반대하는 대규모 시위가 발생했다. 김영삼의 의원직 제명 후 10여 일이 지난 10월 16일 부산대학교 도서관 앞에서 유신 독재 반대를 외치는 대학생들의 시위가 시작되었다. 하루 전인 15일에 시위가 시작되었지만 그날은 참여하는 학생 수가 많지 않았다. 그러나 다음날인 16일에는 부산대학교 도서관 앞으로 수많은 학생들이 집결했다. 이들은 학내에서 시위를 벌였고 교문을 두고 경찰과 투석전을 벌였다. 시위는 오후 들어 도심으로 확산되었다. 부산대학교 뿐만 아니라 동아대학교, 고려신학대학교 학생들도 합세했고, 일반 시민들도 시위에 가세하기 시작했다. 시위 직후 부산대학교에는 휴교령이 내려졌다. 그러나 17일에도 부산 시내 곳곳에서 시위가 계속되었고 경찰서, 관공서, 언론기관 등이 시위대의 공격을 받았다.

유신체제에 반대하는 부산 지역의 시위가 걷잡을 수 없이 거세지자 박정희 정권은 18일 0시를 기해 부산 지역에 비상계엄을 선포하고 2개 여단의 공수부대를 투입해서 시위를 통제하고자 했다. 탱크와 장갑차가 각 대학과 관공서 앞에 배치되었고, 군인들은 부산대학교와 동아대학교에 진주했다. 군의 투입과 함께 사흘간 지속된 시위는 약화되었다.

그러나 시위는 18일 마산으로 이어졌다. 경남대학교와 마산대학교 학생들이 마산 시내로 몰려나가 시위를 벌였고, 곧 많은 시민들이 가담했다. 19일 저녁까지 이어진 시위는 공화당사, 관공서, 언론사에 대한 투석과 방화로 이어졌다. 부산과 마산에서 유신체제에 대한 대규모 저항인 부·마 민주화 운동이 발생한 것이었다. 이에 따라 20일 정오를 기해 마산과 창원 지역에도 위수령이 선포되었고 시위 진압을 위해 공수부대를 투입했다.

부·마 민주화 운동은 군의 진압으로 일단락 되었지만, 곧 권력층 내부의 갈등으로 이어지게 되었다. 부·마 민주화 운동에 대한 대응 방식을 놓고 권력층 내부에서 갈등과 분열이 생겨나게 된 것이었다. '부마사태'에 대한 강경책을 주장한 차지철 경호실장과 온건 대응을 주장한 김재규 중앙정보부장 간의 알력과 갈등은 결국 박정희 대통령에 대한 시해弑害로까지 나아갔다.

10월 26일 중앙정보부 궁정동 안가에서 '부마사태'와 야당에 대한 공작에 관해 박정희 대통령에게 보고하고 대화를 나누던 중 중앙정보부장인 김재규는 미리 준비해 둔 총으로 박정희 대통령과 차지철 경호실장을 저격하여 살해했다. 1979년 10월 26일 박정희 대통령이 사망하면서, 1인 종신 철권 지배였고, 한국 정치사상 가장 억압적이었던 유신체제는 종말을 고하게 되었다. 후일 김재규가 작성한 항소 이유 보충서를 통해 《동아일보》는 부·마 민주화 운동과 관련된 당시 권력층 내부의 갈등 상황을 다음과 같이 표현했다.

부마사태는…… 굉장한 것이었습니다. 순수한 일반 시민에 의한 민중 봉기로서 시민이 데모대원에게 음료수와 맥주를 날라다주고 피신처를 제공하는 등 데모하는 사람과 시민이 의기투합하여 한 덩어리가 되어 있었고, 수십 대 경찰차와 수십 개소 파출소를 파괴했을 정도로 심각한 것이었습니다. 그는 "서울로 올라와 바로 대통령에게 보고를 드렸지만 질책만 들었다"면서 이렇게 말했습니다. '김계원 비서실장, 차지철 경호실장이 동석하여 저녁식사를 막 끝낸 식당에서였습니다. 부산 사태는 체제 저항과 정책 불신 및 물가고에 대한 반발에 조세저항까지 겹친 민란이라는 것과 전국 5대 도시로 확산될 것이라는 것, 따라서 정부로서는 근본적인 대책을 강구하지 않으면 안 되겠더라는 것 등 본인이 직접 시찰하고 판단한 대로 솔직하게 보고를 드렸음은 물론입니다. 그랬더니 박 대통령은 버럭 화를 내시더니 "앞으로 부산 같은 사태가 생기면 이제는 내가 직접 발포명령을 내리겠다. 자유당(4·19) 때는 최인규나 곽영주가 발포 명령을 해 사형을 당했지만 내가 직접 명령을 하면 대통령인 나를 누가 사형하겠느냐"고 역정을 내셨습니다. 같은 자리에 있던 차 실장은 이 말 끝에 "캄보디아에서는 300만 명을 죽이고도 까딱없었는데 우리도 데모대원 100만~200만 명 정도 죽인다고 까딱 있겠습니까" 같은 무시무시한 말들을 함부로 하는 것이었습니다.'

《동아일보》(2013. 8. 28.)[52]

결코 허물어지지 않을 것 같은 유신체제는 외형상 그 내부로부터 붕괴되었다. 그러나 유신이라는 한국 정치 사상 가장 억압적인 체제하에서도 민주주의를 회복하기 위한 노력은 지속되었다. 김재규의 암살로 유신체제가 무너졌지만 사실 긴급조치의 발동에도 불구하고 저항은 계속되었고, 특히 1978년 국회의원 선거에서 확인된 민심의 이반이 이후의 정치적 격변의 중요한 출발점이 되었다. 총선 이후 선명야당을 내세운 김영삼의 당선, YH 사건, 김영삼 총재 제명, 부·마 민주화 운동 등 일련의 사건이 계속되면서 결국 10·26 사태로까지 이어지게 되었다.

박정희 대통령의 죽음과 함께 유신체제가 붕괴했다. 유신체제가 1인 독재를 항구적으로 유지하도록 하려는 체제였던 것인 만큼 박정희 없는 유신체제는 존속할 수 없었다. "유신체제의 비극은 그것이 스스로를 부정하지 않을 수 없고 동시에 대안도 마련할 수 없었던 제도화의 실패, 그리고 그 정치적 계승의 빈곤"[53]에서 원인을 찾을 수 있다. 1979년 12월 8일 유신체제를 뒷받침해 온 긴급조치 9호가 해제되면서 유신체제는 제도적으로도 종식을 고하게 되었다.

그러나 유신체제가 주도 세력을 갖춘 "민중의 봉기에 의해 무너지지 않고 지배블록 내의 한 권력자의 암살에 의해 무너짐으로써 이후 상황은 사실 '독재자 없는 독재체제' 내지 '박정희 없는 유신체제'로 귀결"[54]될 가능성이 컸고, 결국 이러한 특성은 1980년 '서울의 봄'이 비극적으로 막을 내리는 중요한 요인이 되었다.

3장

5·17 계엄 확대에서 6·29 민주화 선언까지

유신체제의 붕괴는 독재에 저항하고 민주주의의 회복을 원하는 국민적 여망의 결과였다. 그러나 유신체제 붕괴의 직접적 원인은 대중 봉기가 아니라 체제 내부의 분열이었다. 이런 특성은 유신체제 붕괴 이후 형성된 새로운 정치 질서를 이끈 분명한 주도 세력의 존재를 애매하게 만들었다.

1 춘래불사춘

유신체제의 붕괴는 독재에 저항하고 민주주의의 회복을 원하는 국민적 여망의 결과였다. 그러나 유신체제 붕괴의 직접적인 원인은 대중 봉기가 아니라 체제 내부의 분열이었다. 이런 특성은 유신체제 붕괴 이후 형성된 새로운 정치 질서를 이끌 분명한 주도 세력의 존재를 애매하게 만들었다. 구체제는 무너졌지만, 새 질서를 이끌어 낼 정치적 위임을 받은 세력이 명백하게 존재하지 않았던 것이다. 이러한 갑작스러운 권력의 공백은 유신체제 이후 생성된 '서울의 봄'을 매우 혼란스럽게 만들었다. 봄은 왔지만 봄 같지 않은 상태春來不似春가 만들어진 것이다. 민주화에 대한 높은 기대와 함께 불안함이 공존하고 있었다.

10월 26일 박정희 대통령을 살해한 후, 김재규는 정승화 육군참모총장에게 대통령의 유고 사실을 알리고 비상계엄 선포를 요구했다. 정승화는 김재규와 함께 육군본부(육본)로 가서 비상국무회의를 소집하게 하는 동시에, 살해 현장에 있었던 김계원 비서실장의 증언에 따라 김재규를 체포했다. 박정희 대통령의 서거 직후인 10월 27일 새벽 4시에 제주도를 제외한 전역에 비상계엄이 실시되었고, 정승화 육군참모총장은 계엄사령관이 되었다. 군부는 정치적 중립을 선언했고 합법적 절차에 의한 체제 이양을 약속했다. 계엄령이 선포되면서 수사권은 보안사령관 전두환에게 넘어갔고, 김재규는 1980년 5월에 교수형에 처해졌다.

한편, 당시 국무총리였던 최규하가 법에 정한 대로 대통령 권한 대행의 역할을 맡게 되었다. 그러나 최규하는 민주화를 위한 구체적인 일정을 제시하지 않았고 막연한 태도로 일관했다. 11월 10일 최규하는 헌법 개정을 먼저 추진하는 것이 아니라, 기존의 유신헌법에 따라 과도기를 담당할 대통령을 선출하고 그 이후에 헌법 개정을 추진하겠다고 밝혔다. 그러나 유신체제는 박정희 개인의 장기집권을 위한 체제였다. 그가 죽음으로써 이제 이 체제는 운명을 다한 것이었다. 박정희가 사라진 마당에 박정희의 장기집권을 위해 만들어진 통일주체국민회의를 통해 과도기를 담당할 새로운 대통령을 선출해서 헌법 개정을 하겠다는 생각에는 문제가 있었다. 그것보다는 서둘러 새로운 정치 질서를 확립하기 위한 노력이 이뤄져야 했다. 무엇보다 유신체제 붕괴 이후의 정치적 불안감과 불확실성을 조속히 해소해야 했다.

그러나 1979년 12월 6일 최규하 대통령 권한 대행은 이러한 요구를 거부하고 유신헌법에 따라 통일주체국민회의를 통해 제10대 대통령으로 당선되었다. 당선 직후인 12월 8일 긴급조치 9호가 해제되었다. 이와 함께 구속자 68명이 석방되었고, 김대중의 가택 연금도 해제되었다. 또한, 김영삼에 대한 신민당 총재 직무정지 가처분신청도 취하되면서 신민당 지도부의 법적 지위도 회복되었다. 공화당 역시 11월 13일 전당대회를 열고 김종필을 총재로 선출했다. 이때까지만 해도 '겨울 공화국' 유신체제에서 벗어나 '서울의 봄'을 향해 조금씩 얼음이 녹아가는 듯했다.

그러나 정치권과 달리 군 내부의 움직임은 미묘했다. 10·26 사태에 대한 수사 책임자는 당시 보안사령관 겸 합동수사본부장을 맡고 있던 전두환이었다. 전두환을 정점으로 하는 육사 11기, 하나회 등으로 결속해 있던 신군부 세력은 보안사, 합동수사본부를 중심으로 힘을 결집해 갔다. 이들의 심상치 않은 움직임은 군 내부에서도 주시 대상이 되었고, 정승화 계엄사령관은 전두환을 합동수사본부장에서 2사단장으로 전보시키려고 했다. 이 사실을 미리 접한 신군부 세력은 12월 12일 전방의 군을 움직여 총격전 끝에 계엄사령관 정승화를 체포했다. 체포의 명분은 박정희 대통령 암살 당시에 육군참모총장이었던 정승화가 김재규로부터 별실에서 기다리라는 요청을 받고 그곳에 머물러 있었기 때문에 수사를 해야 한다는 것이었다. 그러나 12·12 사건은 명백한 하극상이었고 유혈 충돌을 통해 신군부가 군의 실권을 장악한 사건이었다.

12·12 사건 다음날, 신군부는 군의 공식적인 지위 계통을 장악했다. 주요 직책에 대한 전면적인 인사를 통해 신군부는 요직을 장악했고, 반란에 반대한 이들은 구금되거나 강제로 예편되었다. 신군부가 군을 장악하면서 정치색을 강하게 띤 군부 강경파가 정치적 중립을 선호한 군부 온건파를 대체하게 되었다. 이제 군의 정치개입은 시간 문제일 뿐이었다.

상황이 이렇게 전개되어 가는데도 최규하 대통령의 태도는 여전히 모호했다. 최규하는 헌법 개정과 권력 이양에 대한 분명한 정치 일정을 밝히지 않았다. 개헌 방식에 대해서도 국회가 아니라 정부 주도로 개헌을 이끌 것임을 밝혔다. 헌법 개정 방향에 대해서도 대통령 직선제가 아니라 대통령 중심제와 의원내각제의 절충형, 이후에는 이원집정부제에 대한 논의가 흘러나왔다. 최규하는 법제처에 헌법연구반을 설치하고, 3월 13일에는 68명의 위원으로 구성된 대통령 직속 자문기관인 헌법개정심의회를 발족시켰다. 유신의 몰락과 함께 모두가 새로운 정치 질서의 수립을 희구하고 있었지만, 유신체제를 뒷받침해 온 관료들과 국가 기구는 이처럼 유신 이후에도 계속해서 영향력을 유지하고 싶어했다. 한편, 이와 별도로 국회에서 공화당과 신민당은 유신헌법을 대신할 새로운 헌법 개정을 위한 헌법개정심의 특별위원회를 구성했다.

정치적 과도기를 담당한 최규하의 태도도 석연치 않았지만, '서울의 봄'을 맞은 정치권과 시민사회의 움직임 역시 상황의 불안함에 일조를 했다. 자유로운 정치적 활동 공간이 열리자 김영삼과 김대중의 갈등이 격화되기 시작했다. 신민당 김영삼 총재와 1980년 2월 29일자로 정치 활동을 재개하게 된 김대중은 직선제 개헌을 전제로 지지세력의 규합에 나섰다. 김영삼이 야당을 중심으로 활동했다면, 김대중은 재야 쪽으로부터 많은 지지를 받았다. 김대중의 신민당 입당이 논의되었지만 결국 김대중은 입당을 거부했다. 김영삼이 신민당 총재로 있는 한, 김대중은 당내에서 상대적으로 불리한 입장이 될 수밖에 없을 것으로 생각했다. 김영삼과 김대중은 민주화가 제대로 자리 잡지도 못한 불완전한 상황에서 분열했다. 김종필은 마침내 공화당을 이끌게 되었지만 당내에서 정풍整風을 주장하는 의원들의 도전을 받았다. 한편으로는, 유신 시대의 장차관과 유신정우회 의원 출신들을 중심으로 하는 신당 창당의 소문도 끊이지 않았다.

유신체제하에서 민주화 운동의 중심지였던 대학이 3월이 되어 개강을 하면서 민주화의 열기로 들끓기 시작했다. 즉각적인 민주화를 요구하는 학생들과 교수들의 성명서가 쏟아져 나왔고, 대학 안팎에서 학생들의 대규모 시위가 벌어졌다. 유신체제하에서 억눌려졌던 온갖 문제점들이 하루아침에 터져 나오기 시작했다. 우선 학원 민주화에 대한 요구가 거셌다. 유신체제하에서 만들어진 학도호국단을 폐지하고 학생들이 자치적으로 구성한 총학생회를 부활시켰다. 또한 어용 교수, 무능 교수 퇴진, 사학 비리 척결 등을 강하게 요구했다. 대학생들의 민주화 요구는 학내 문제에 그치지 않았다. 4월이 되면서 병영집체훈련 거부 투쟁을 벌이기 시작했다. 대학생들을 전방 부대에 입소시켜 군사훈련을 시키는 병영집체훈련은 유신 시절 긴급조치 9호 발동 이후인 1976년부터 시작되었다. 그러나 계엄사령부는 학생들의 거부 움직임에 비판적이었다. 5월이 되면서 학생들은 병영집체훈련 거부가 정치적으로 악용될 수 있음을 우려하면서 입소하기로 결정했다.

그러나 12·12 사건 이후 정국의 흐름이 미묘하게 변화하기 시작했다. 1980년 4월 14일, 전두환 합동수사본부장은 보안사령관직에 더해 당시 공석이던 중앙정보부장 서리직까지 겸직했다. 12·12 사건 이후 군부를 장악한 신군부의 리더가 정보기관까지 모두 장악하게 되었다. 그리고 이와 함께 전두환은 정치적으로 전면에 등장하게 되었다. 이제 실질적인 권력은 최규하가 아니라 전두환의 수중에 놓이게 되었다. 정치적 사안에 대한 군의 목소리가 본격적으로 나오기 시작했다. 계엄사령부는 4월 30일에 전군지휘관 회의를 소집하여 노동 문제, 학원 소요, 일부 정치 집회에 대해 단호히 대처할 것을 결의했다. 10·26 사태 이후 정치적 중립을 지켜왔던 것과는 달리, 이제 신군부는 군의 정치적 개입 의지를 노골적으로 드러내기 시작했다. 상황이 이렇게 되자 정치권과 대학생들도 군의 정치개입에 관심을 돌리게 되었다. 특히 군의 정치적 영향력과 관련하여 계엄령 해제가 중요한 관심사가 되었다.

5월이 되면서 각 대학에서는 계엄 철폐, 정부 주도의 개헌 작업 중단 등의 요구가 나오기 시작했다. 대학생들은 병영집체훈련 거부에서 보다 정치적인 요구로 관심을 돌려서 민주화 일정 단축, 계엄령 해제, 이원집정부제 반대 등을 주장하기 시작했다. 5월 1일 충남대학교 학생들의 가두 시위를 시작으로 정치적인 쟁점을 내건 가두시위가 본격화되기 시작했다. 5월 13일에는 경인 지역 27개 대학의 총학생회장들이 전면 가두 투쟁에 돌입할 것을 선언했다. 그날 서울 세종로에서 약 2,500여 명의 대학생들이 시위를 벌였다. 14일에는 전국적으로 대학생들의 대규모 가두시위가 있었다. 서울에서 7만 명이 넘는 대학생들이 모였고, 지방에서도 3만 명이 넘는 대학생들이 거리로 나섰다. 이러한 대규모 시위는 15일에도 서울역 앞을 중심으로 계속되었고, 서울 시내 곳곳에서 경찰과 충돌했다. 조속한 민주화를 요구하며 사흘에 걸쳐 계속된 대학생들의 대규모 시위는 15일 저녁 전국 각 대학의 총학생회장단 회의에서 가두시위 중단을 결정하면서 일단 진정되었다.

한편, 김영삼과 김대중은 각각 임시국회 소집, 계엄령 해제, 정부의 개헌 작업 중단 등을 요구했다. 이에 따라 5월 12일에는 공화당과 신민당이 20일에 임시국회를 소집하기로 합의했다. 그 임시국회에서는 계엄령 해제에 대한 결의가 예정되어 있었다. 14일 신민당은 소속 의원 전원의 이름으로 '비상계엄 해제 촉구안'을 국회에 제출했다. 학계, 문화계 인사들도 비상계엄의 즉각 해제를 요구했다.

그러나 그 사이 신군부는 시위를 진압하기 위한 병력의 이동을 준비하고 있었다. 신군부는 대학생들의 대규모 시위가 벌어지기 전인 5월 14일 오전 8시 50분 육본에 소요진압본부를 설치하고 진압군의 투입 준비 지시를 내렸다. 사실 군의 진압훈련은 그 이전에 이미 준비되어 있었다. 1980년 2월 18일에 작전명령을 통해 1/4분기 이전까지 전 군과 경찰에 이른바 '충정훈련'이라는 고도의 폭동진압훈련을 실시하도록 지시했던 것이다. 원래 충정훈련은 공수특전단에게만 실시되는 특수훈련이었지만, 당시 군은 수도경비사령부가 주간主幹하여 1, 2, 3군 및 경찰까지 실시하도록 명령했다. 군의 권력 장악에 대한 시민의 저항에 대비하여 이런 훈련을 시킨 것이었다.[55]

1980년 5월 17일 오전에 전군 주요지휘관 회의가 열렸다. 여기서 군의 본격적인 정치 개입이 논의되었다. 그리고 그날 저녁 최규하 대통령이 주재하는 비상 국무회의가 열렸다. 대통령 주재의 국무회의라고 하지만 사실상 형식적인 것이었다. 국무회의장 주변에는 이미 군인으로 가득 찼고, 공포 분위기가 조성되었다. 최규하 대통령을 포함한 어느 누구도 신군부의 요구를 거부할 수 없는 상황이었다. 최규하 대통령은 이제 군부의 뜻을 따라야 하는 허수아비가 되었다.

신군부의 요구대로 1980년 5월 17일부터 비상계엄이 제주도를 포함한 전국으로 확대되는 조치가 취해졌다. 비상계엄의 확대와 함께 신군부는 국회의 기능을 정지시켰고, 주요 정치인과 전직 관료, 재야 인사 등을 연행했다. 김종필, 이후락, 박종규, 김치열, 김진만, 오원철, 김종락, 장동운, 이세호 등은 권력형 부정 축재 혐의자로, 김대중, 문익환, 예춘호, 김동길, 인명진, 고은, 리영희 등은 '사회불안 조성 및 학생 및 노조 소요의 배후 조정 혐의자'라는 이유로 연행되었다. 김영삼 신민당 총재는 가택 연금되었다. 대학은 휴교 조치가 이뤄졌고 전국 각 대학에는 계엄군이 배치되었다. 5·17 비상계엄 확대 조치는 국회의 계엄 해제 결의가 있기 전에 국회를 무력화시키고 정권을 장악하고자 했던 명백한 헌정 파괴 행위이며 내란 행위였다.[56] 10·26 사태 이후 불안하게 진행되었던 '서울의 봄'은 이렇게 신군부의 무력에 의해 하염없이 무너져 내렸다.

2 아! 광주

전국 대학에 휴교령이 내려졌지만, 5월 18일 오전 광주 전남대학교 정문 앞에서는 계엄군과 학생들 사이에 충돌이 발생했다. 5·18 민주화 운동의 최초 도화선이 되었던 전남대학교 앞에서의 시위였다. 공수부대원들은 전남대 앞에 모인 학생들에게 가차 없이 곤봉 등으로 폭력을 행사했고, 이에 따라 적지 않은 부상자가 발생했다. 이에 격분한 학생들은 광주 시내로 나아가 도청 앞에서 시위를 벌였다. 그러나 계엄군의 시위 진압과 체포 작전은 매우 과격하고 폭력적이었다. 계엄군은 진압봉, 군화로 무자비하게 폭력을 휘둘렀으며 부상자는 군용 트럭에 실어 연행했다. 무자비하고 잔혹한 시위 진압에 대한 광주 시민의 분노와 충격이 다음날 대규모 시위로 이어졌다.

19일 오전 광주 금남로에 3,000여 명의 시민이 모여들었다. 경찰은 최루탄을 발사하며 시위대를 해산시키려고 했지만 분노한 시민들을 막을 수 없었고, 곧이어 공수부대가 시위 진압에 나섰다. 공수부대의 시위

대치 중인 광주 시민과 진압군

진압은 무차별적이었다. 시위에 참여한 사람뿐만 아니라 길거리나 주변 건물에서 시위를 지켜보던 모든 사람이 무력 진압의 대상이었다. 도망가는 시민까지 추격하여 폭력을 휘두르고 강압적으로 끌고 갔다. 이러한 계엄군의 무자비한 과잉 진압으로 인해 시위대도 방위 차원에서 진압군에 맞서기 시작했다. 분노한 시위 군중과 계엄군 간의 대결이 격화되었다. 시민의 저항이 격화됨에 따라 계엄군의 진압도 강화되면서 사상자가 발생하기 시작했다. 광주 시민의 분노는 더욱 커졌고, 신군부는 기존의 7공수부대, 11공수부대에 더하여 3공수여단과 5개 대대 병력을 광주에 추가로 급파했다.

5월 20일 오전 수많은 시민이 금남로에서 시위를 벌였다. 이제 고등학생들까지 시위에 나서게 되었다. 공수부대의 무자비한 진압에 격분한 운전기사들이 그날 저녁 차량 헤드라이트를 켜고 무등경기장에서 금남로까지 차량 항의 시위를 벌였다. 20일 밤 광주의 상황을 한 줄도 내보내지 않고 계엄사령부의 거짓 발표문만을 그대로 보도하여 분노의 대상이 되었던 KBS, MBC 방송국이 시위대에 의해 방화되었다.

도청 광장에 모인 시위대와 계엄군의 아슬아슬한 대치는 21일 오후 1시 계엄군의 발포로 새로운 국면을 맞게 되었다. 태극기를 흔들며 구호를 외치던 시위대에 계엄군이 발포를 한 것이다. 이날 수십 명이 사망하고 수백 명이 총상을 입었다. 일부 시민들은 시위 진압에 투입된 군 특수부대원의 살상행위를 목도하면서 광주 인근의 예비군 무기고와 경찰의 총기보관소 등에서 무기를 탈취하여 스스로 무장하기 시작했다.

계엄군은 21일 오후에 광주 시내를 빠져나와 외곽으로 철수했다. 계엄군의 철수는 광주 시민의 격한 저항 때문이기도 했지만 향후 대규모의 진압 작전을 위한 일시적 후퇴였다. 계엄군은 광주 주변의 외곽도로를 차단하는 과정에서, 시외로 나가려던 무고한 시민들에게 총격을 가하여 또다시 많은 사상자를 냈다. 한편, 21일에 이희성 계엄사령관과 문화공보부는 '광주사태가 북괴 간첩 또는 불순분자의 소행이고 터무니없는 악성 유언비어 유포 때문'이라고 발표했다. 25일에는 최규하 대통령이 광주 상무대를 방문해서 소준열 전남북계엄분소장과 장형태 전남도지사로부터 상황을 보고받았지만, 시민들은 만날 수 없었다.

일시적이었지만 계엄군이 빠져 나간 광주는 '해방'되었다.[57] 광주 시민들은 항쟁을 조직화시켜 나갔고 치안 질서를 유지하기 위해 노력했다. 지도력의 공백을 메우기 위해 종교인, 변호사, 기업인, 관료 등 광주 지역 유지 15명으로 구성된 '5·18수습대책위원회'가 결성되었고 7개 항의 수습 대책을 제시했으나, 시민군이나 계엄사령부 모두에게 거부당했다.

시민들은 '계엄 철폐', '전두환 퇴진', '김대중 석방' 등 민주화의 요구가 모두 관철될 때까지 투쟁해야 한다는 입장이었지만, 계엄사령부의 입장은 무기를 반납하고 치안을 계엄사령부에 맡겨야 한다는 것이었다. 수습대책위원회는 유혈 사태에 대한 정부의 잘못 시인, 적절한 보상 조치, 사후 보복 금지 등을 수습 방안으로 제시했고, 무기 회수를 위해 노력했다. 그러나 이 역시 신군부에 의해 거부되었다. 수습대책위원회를 대신하여 25일 밤 최후까지 투쟁할 것을 결의한 광주민중민주항쟁지도부가 수립되었다. 26일 밤 수습위원들이 시민과 항쟁지도부에게 계엄군의 진입 작전을 알리면서 도청에서 빠져 나갈 것을 종용했다. 그러나 150여 명은 도청에 남아 마지막까지 항거하기로 결정했다. 5·18 민주화 운동 지도부는 최후의 항전을 반나절 앞둔 26일 오후, 정부에 요구하는 7개 항으로 된 '80만 광주 민주 시민의 결의'를 발표했다. 이 결의문은 계엄군과 최후의 일전을 앞둔 이들의 성명이라고 보기 어려울 정도로 차분하고 합리적인 요구를 담고 있다.

마침내 계엄군의 최후 진압 작전이 시작되었다. '상무충정작전'이라고 불린 계엄군의 광주 진압 작전은 27일 새벽에 실시되었다. 상무충정작전에 투입된 계엄군의 병력은 6,000여 명이었다. 상무충정작전과 함께 5·18 민주화 운동은 열흘 만에 막을 내렸다. 계엄군의 잔인하고 과격

80만 광주 민주 시민의 결의

① 이번 사태의 모든 책임은 과도 정부에 있다. 과도 정부는 모든 피해를 보상하고 즉각 물러나라!

② 무력 탄압만 계속하는 명분 없는 계엄령을 즉각 해제하라!

③ 민족의 이름으로 울부짖노라. 살인마 전두환을 공개 처단하라!

④ 구속 중인 민주 인사를 즉각 석방하고 민주 시민들로 구국 과도 정부를 수립하라!

⑤ 정부와 언론은 이번 광주 의거를 허위 조작 왜곡 보도 하지 마라!

⑥ 우리가 요구하는 것은 단지 피해보상과 연행자 석방만이 아니다. 우리는 진정한 '민주정부 수립'을 요구한다!

⑦ 이상의 요구가 관철될 때까지 최후의 일각까지 최후의 일인까지 우리 80만 시민 일동은 투쟁할 것을 민족 앞에 선언한다.

1980년 5월 26일 광주 시민 일동

"뭉치면 살고, 흩어지면 죽는다."

"김일성은 순수한 광주의거를 오판하지 말라."[58]

한 진압 작전은 너무나 많은 무고한 사상자를 냈고, 그보다 더 깊은 마음의 상처를 광주에 남겼다. 5월 31일 계엄사령부는 민간인 144명, 군인 22명, 경찰 4명 등 170명이 숨지고, 민간인 127명, 군인 109명, 경찰 144명 등 380명이 부상을 입었으며, 1,740명이 연행되었다고 발표했다. 그러나 2009년 광주시가 밝힌 통계에 의하면, 광주 시민의 피해는 사망자가 155명, 행방불명자가 76명, 부상 뒤 숨진 사람이 101명, 부상자가 2,277명 등 5,189명이었다.[59]

10·26 사태 이후 유신체제의 청산과 민주화를 열망하는 국민의 여망을 누르고 12·12 사건, 5·17 계엄 확대와 5·18 민주화 운동에 대한 유혈 진압으로 권력을 장악한 전두환과 신군부는 권력 획득 과정에서 어떠한 정당성도 가질 수 없었다. 특히 광주에서의 무자비한 진압은 이후 전두환 정권 시기 내내 이에 맞서는 가열加熱한 반군부 독재 투쟁의 근원이 되었다. 그리고 '광주'는 민주화를 위한 희생의 상징이 되었다.

아아, 광주여,
우리나라의 십자가여

김준태

아아, 광주여 무등산이여
죽음과 죽음 사이에
피눈물을 흘리는
우리들의 영원한 청춘의 도시여

우리들의 아버지는 어디로 갔나
우리들의 어머니는 어디서 쓰러졌나
우리들의 아들은
어디에서 죽어 어디에 파묻혔나
우리들의 귀여운 딸은
또 어디에서 입을 벌린 채 누워 있나
우리들의 혼백은 또 어디에서
찢어져 산산이 조각나버렸나

하느님도 새떼들도
떠나가버린 광주여
그러나 사람다운 사람들만이
아침저녁으로 살아남아
쓰러지고, 엎어지고, 다시 일어서는
우리들의 피투성이 도시여
죽음으로써 죽음을 물리치고
죽음으로써 삶을 찾으려 했던

아아, 통곡뿐인 남도의
불사조여 불사조여 불사조여

해와 달이 곤두박질치고
이 시대의 모든 산맥들이
엉터리로 우뚝 솟아 있을 때
그러나 그 누구도 찢을 수 없고
빼앗을 수 없는
아아, 자유의 깃발이여
살과 뼈로 응어리진 깃발이여

아아, 우리들의 도시
우리들의 노래와 꿈과 사랑이
때로는 파도처럼 밀리고
때로는 무덤을 뒤집어쓸지언정
아아, 광주여 광주여
이 나라의 십자가를 짊어지고
무등산을 넘어
골고다 언덕을 넘어가는
아아, 온몸에 상처뿐인
죽음뿐인 하느님의 아들이여

정말 우리는 죽어버렸나
더 이상 이 나라를 사랑할 수 없이
더 이상 우리들의 아이들을
사랑할 수 없이 죽어버렸나
정말 우리들은 아주 죽어버렸나

충장로에서 금남로에서
화정동에서 산수동에서 용봉동에서
지원동에서 양동에서 계림동에서
그리고 그리고 그리고……
아아, 우리들의 피와 살덩이를
삼키고 불어오는 바람이여
속절없는 세월의 흐름이여

아아, 살아남은 사람들은
모두가 죄인처럼 고개를 숙이고 있구나
살아남은 사람들은 모두가
넋을 잃고 밥그릇조차 대하기
어렵구나 무섭구나
무서워 어쩌지도 못하는구나

(여보, 당신을 기다리다가

문밖에 나가 당신을 기다리다가
나는 죽었어요…… 그들은
왜 나의 목숨을 빼앗아갔을까요
아니 당신의 전부를 빼앗아갔을까요
셋방살이 신세였지만
얼마나 우린 행복했어요
난 당신에게 잘해주고 싶었어요
아아, 여보!
그런데 난 아이를 밴 몸으로
이렇게 죽은 거예요, 여보!
미안해요, 여보!
그들은 나에게서 나의 목숨을 빼앗아가고
나는 또 당신의 전부를
당신의 젊음 당신의 사랑
당신의 아들 당신의
아아, 여보! 내가 결국
당신을 죽인 것인가요?)

아아, 광주여 무등산이여
죽음과 죽음을 뚫고 나가
백의의 옷자락을 펄럭이는
우리들의 영원한 청춘의 도시여

불사조여 불사조여 불사조여
이 나라의 십자가를 짊어지고
골고다 언덕을 다시 넘어오는
이 나라의 하느님 아들이여

예수는 한 번 죽고
한 번 부활하여
오늘까지 아니 언제까지 산다던가
그러나 우리들은 몇백 번을 죽고도
몇백 번을 부활할 우리들의 참사랑이여
우리들의 빛이여, 영광이여, 아픔이여
지금 우리들은 더욱 살아나는구나
지금 우리들은 더욱 튼튼하구나
지금 우리들은 더욱
아아, 지금 우리들은
어깨와 어깨뼈와 뼈를 맞대고
이 나라의 무등산을 오르는구나
아아, 미치도록 푸르른 하늘을 올라
해와 달을 입맞추는구나

광주여 무등산이여
아아, 우리들의 영원한 깃발이여

꿈이여 십자가여
세월이 흐르면 흐를수록
더욱 젊어져 갈 청춘의 도시여
지금 우리들은 확실히
굳게 뭉쳐 있다 확실히
굳게 손잡고 일어선다.

《전남매일신문》(1980)

3 제5공화국의 출범

5·18 민주화 운동을 무력으로 진압한 직후인 5월 31일 신군부는 국가보위비상대책위원회(국보위)를 대통령 자문기관으로 설치했다. 이미 아무런 권한이 없는 최규하 대통령을 의장으로 하고 국무총리, 경제기획원장관, 외무부장관, 내무부장관, 법무부장관, 문교부장관, 대통령 비서실장 등과 계엄사령관, 합동참모회의 의장, 각 군 참모총장, 국군보안사령관 등 26명을 위원으로 임명했다. 그러나 대통령이 의장인 전체회의보다 상임위원회의 권한이 컸다. 실권을 장악한 전두환이 국보위의 상임위원장이 되었고, 18명의 군 장군을 포함한 30명으로 구성된 상임위원회를 두었다. 상임위원회는 13개의 분과위원회를 두었는데 이는 사실상 행정 각 부를 통제하는 기능을 맡았다. 노태우, 정호용, 이희성, 차규헌 등 신군부의 핵심들이 상임위원이 되었다. 허수아비가 되어 버린 대통령 대신 실권을 장악한 신군부가 직접 통치를 담당하기 위한 군사 정부의 모습을 갖추었다.

국보위의 출범과 함께 숙청과 탄압의 바람이 몰아치기 시작했다. 김종필, 이후락, 김진만, 박종규 등 유신체제하의 핵심 인물들을 부정축재자로 규정하고 모든 공직에서 사퇴하도록 했다. 또한 장차관급을 포함한 2급 이상 고급 공무원 232명 등 모두 8,877명의 공무원과 정부 투자 기관 및 산하 단체 직원들이 숙청되었다. 언론인들도 대규모로 해직되었고, '창작과 비평', '뿌리 깊은 나무', '씨울의 소리', '월간 중앙', '기자협회보' 등 정기 간행물 172종을 강제로 폐간시켰다. 민영방송이던 동양방송TBC은 KBS에 강제로 통폐합되었다.

1980년 7월 4일 신군부는 김대중, 문익환, 예춘호, 이해동과 대학생 설훈, 이해찬, 이신범, 조성우, 심재철 등 36명을 군법회의에 이송했다. 이들은 수사를 받는 중에 무지막지한 고문을 받았다. 신군부는 김대중이 민중 봉기를 도모했고, 자신을 수반으로 하는 과도 정부를 수립하려고 했다고 주장했다. 김대중은 9월 17일 육본 계엄보통군법회의에서 사형을 언도 받았다. 군법회의 선고 직전 김대중은 자신의 마음 상태를 회고록에서 이렇게 밝히고 있다.

> 죽고 싶은 사람이 어디 있겠는가. 나도 살고 싶었다. 나는 제발 사형만은 면하기를 간절히 바랐다. 법정에서도 속으로 기도했다. 재판장의 입 모양을 뚫어지게 보았다. 입술이 옆으로 찢어지면 사, 사형이었고, 입술이 앞쪽으로 튀어나오면 무, 무기 징역이었다. 입이 나오면 살고, 찢어지면 죽었다. 재판관의 입이 찢어졌다. 《김대중》(2010: 424)

김대중은 11월 3일 열린 육본 계엄고등군법회의에서도 사형을 언도 받았고, 1981년 1월 23일 대법원이 상고를 기각하여 사형이 확정되었다. 그러나 대법원에서 형이 확정된 날 김대중은 전두환에 의해 무기징역으로 특별 사면되었고, 1982년 3월 3일 징역 20년형으로 감형되었다. 김대중이 사형에서 무기징역으로 사면된 것은 당시 전두환이 미국 방문을 추진 중이었는데, 미국이 방미의 조건으로 김대중을 사형시키지 말도록 요구했기 때문이다. 한편, 문익환, 이문영, 예춘호, 고은, 김상현, 이신범, 이해찬 등도 10년 이상의 중형을 받았다. 김영삼 신민당 총재도 신군부의 압력에 의해 1980년 8월 13일 정계은퇴를 선언했고 가택 연금 상태에 놓이게 되었다.

그리고 인권유린의 대표적 사례인 삼청교육대가 만들어졌다. 신군부는 사회 정화를 위해 불량배 등 사회악을 제거한다는 명분하에 공포 분위기를 마련했다. 불량배들도 있었지만, 억울하게 끌려간 사람도 많았다. 이들은 법원의 영장 없이 체포되었고 삼청교육대에 입소되었다. 삼청교육은 군의 삼엄한 감시 속에 실시되었다. 기합, 노역, 구금, 구타 등 야만적이고 비인간적인 가혹행위가 이뤄졌고, 수많은 희생자가 발생했다. 2002년 의문사진상위원회는 삼청교육과 그 후유증으로 사망한 사람이 339명이며, 불구가 된 사람은 2,700명에 달한다고 발표했다.

이처럼 강압적인 방식으로 공포 분위기를 조성하며 반대 세력을 제거한 전두환은 드디어 직접 권력을 장악하는 데까지 나아갔다. 신군부는 최규하 대통령의 하야를 강요했다. 견딜 수 없었던 최규하 대통령은 1980년 8월 16일 마침내 하야를 발표했다. 사실 10·26 사태 이후의 과

1980년 8월 12일 제5공화국 집권 초기에 실시된 삼청교육대에서 훈련을 받고 있는 입소생들

도기적 혼란기에 최규하의 역할은 매우 중요했다. 새로운 질서를 향한 분명한 의지와 방향을 보여야 했고, 신속하게 헌법을 제정하고 새로운 민주적 권력을 창출해냄으로써 과도기의 혼란을 최소화해야 했다. 그러나 최규하는 우유부단했고 기회주의적 태도를 보였으며 시간을 지체했다. 그러한 힘의 공백기에 신군부가 무력으로 권력을 장악하게 된 것이었다.

최규하를 강제로 물러나게 한 후, 전두환은 1980년 8월 27일 통일주체국민회의를 통해 단독후보로 출마해서 대통령에 당선되었다. 총 투표자 2,525명 중 2,524표의 찬성과 1명의 무효표로 당선되었다. 박정희의 1인 체제를 뒷받침하기 위해 만들어진 통일주체국민회의에 의한 선거는 박정희 죽음 이후에도 이렇게 두 차례나 실시되었다.

전두환은 취임 이후 새로운 헌법을 준비했다. 당시 헌법은 유신체제를 위해 만들어진 만큼 그때와는 다른 모습을 보여주어야 했다. 제5공화국의 새로운 헌법은 1980년 9월 29일 공고되었고, 10월 22일의 국민투표를 통해 95.5%의 투표율과 91.6%의 찬성으로 확정되었다. 국민투표를 앞둔 10월 16일 전두환은 기자회견을 통해 1981년 3월 이전까지 대통령 선거를 하고, 4~5월에 국회의원 선거를 해서 6월까지는 새 정부 구성을 완료하겠다는 정치 일정을 발표했다.

10월 27일, 개정 헌법에 따라 국회, 정당, 통일주체국민회의를 해산하고 국회의 기능을 대신할 국가보위입법회의를 설치했다. 81명으로 구성된 국가보위입법회의는 신군부가 원하는 형태로 법률 개정이나 정치 질서 개편을 이끌어 내기 위한 '그들만의 입법부'였다. 국가보위입법회는 우선 '정치풍토 쇄신을 위한 특별조치법'을 제정하여, 대부분의 야당 정치인이 포함된 835명을 정치 활동 규제 대상자로 발표했다. 이들 가운데 일부가 재심을 청구하여 구제되었고, 나머지 567명의 정치 활동 규제는 확정되었다. 정치 활동 규제에서 구제 받기 위해서는 5공 헌법안에 대한 지지의 글을 언론사에 게재하는 등의 충성심을 보여야 했다. 또한, 집회 및 시위에 관한 규제를 강화한 법률 개정안, 반공법과 국가보안법을 통합한 국가보안법 개정안도 국가보위입법회의에서 통과시켰다.

제5공화국의 헌법은 통일주체국민회의를 폐지했지만, 대신 '대통령 선거인단' 제도를 도입했다. 그러나 명칭만 바뀌었을 뿐 유신 시대의 통일주체국민회의와 유사한 형태의 '체육관 선거'였다. 대통령의 임기는

7년으로 늘리는 대신 단임으로 규정했고, 대법원장과 대법관의 임기는 이전의 6년, 10년에서 5년으로 단축했다. 전두환의 임기 내에 법관들에 대한 영향력이 유지될 수 있도록 한 조치였다.

대통령이 국회의원의 3분의 1을 지명하는 유신정우회 제도는 폐지했지만, 그만큼의 국회의원을 전국구 의원으로 할당하고 집권당에게 유리한 의석 배분 방식을 만들었다. 전국구 의석 중 3분의 2의 의석을 제1당이 배분 받고 나머지 3분의 1은 지역구에서 5석 이상 획득한 정당들이 의석 비율에 따라 배분받도록 했다. 유신정우회 수준까지는 아니더라도 집권당에게 대단히 유리한 제도였다. 지역구 선거는 유신 때와 마찬가지로 한 선거구에서 2명의 의원을 선출하도록 했다. 지역구에서 절반의 의석을 얻고 전국구 의석 중 3분의 2를 가져오면 집권당은 언제나 안정적인 다수 의석을 확보할 수 있는 것이었다.

1981년 1월 15일 민주정의당(민정당)이 창당되었고 전두환은 총재에 취임했다. 민정당이 창당된 이틀 뒤에는 유치송을 총재로 하는 '제1야당'인 민주한국당(민한당)이 창당되었고, 일주일 뒤에는 김종철을 총재로 하는 '제2야당'인 국민당이 창당되었다. 정치적 활동이 자유롭지 못한 시절에 열흘 간의 시차를 두고 정당들이 생겨난 것은 전두환 정권이 여당뿐만 아니라 야당까지 '만들어 냈기' 때문이다.

전두환 정권은 과거 박정희 시대에 정권의 반대 세력이 신민당이라는 단일 야당을 중심으로 결집했던 것을 보면서, 야당을 두 개로 쪼개어 만들었다. 민정당은 국군보안사령부에서 창당을 주도했고, 민한당과 국민당은 중앙정보부가 실질적으로 창당을 주도했다. 이처럼 민한당과 국민당은 전두환 정권에 의해 만들어진 관제管制 야당으로 출범했다.

1981년 2월 11일 대통령 선거인단 선거가 실시되었고, 2월 25일에는 이들에 의한 대통령 선거가 실시되었다. 통일주체국민회의와 달리 선거인단은 소속 정당을 갖도록 허용했고, 경쟁 후보도 형식적으로 허용했다. 전두환 이외에 민한당의 유치송, 국민당의 김종철, 민권당의 김의택이 후보로 나왔다. 투표 결과 선거인단 5,271명 가운데 전두환이 90.2%, 유치송이 7.7%, 김종철이 1.6%, 김의택이 0.5%를 득표했다. 유신 때처럼 단독 후보는 아니었지만, 들러리에 불과한 후보들과의 이러한 '체육관 선거'를 통해 당선된 전두환은 1981년 3월 3일 대통령으로 취임했다.

대통령 신기 한 달 뒤인 3월 25일에는 국회의원 선거가 실시되었다. 이 선거에서 민정당은 지역구 90석, 전국구 61석 등 151석을 얻어 국회의원 총의석 276석의 과반의석을 확보했다. 민한당은 지역구 57석, 전국구 24석으로 81석, 국민당은 지역구 18명, 전국구 7석으로 25석을 얻었다. 이밖에 민권당, 민주사회당, 신정당이 각각 2명씩, 민주농민당과 안민당이 각각 1명씩, 무소속이 11명 당선되었다. 소수 야당이 얻은 의석조차도 모두 권력에 의해 '배려된' 의석이었다. 이렇게 전두환 정권은 출범했다. 국민들은 민주주의를 원했지만 '서울의 봄'은 무력에 의해 저물었고 또 다른 군부 권위주의 정권이 들어서게 되었다. 유신 정권이라는 호칭으로 부르지만 않았을 뿐 사실상 또 다른 유사 유신 정권이 들어선 것이었다.

4 저항의 시작: 임을 위한 행진

강압적으로 출범한 전두환 정권에 대한 국민의 거부감은 매우 컸다. 이 때문에 전두환은 집권 초부터 매우 강한 반발에 직면했다. 유신체제 몰락 이후 민주주의를 향한 국민의 염원을 무력으로 분쇄粉碎한 것에 대한 분노였다. 전두환 정권이 당면했던 가장 근본적인 문제는 유신체제라고 하는 군부 권위주의 정권의 정당성과 효용이 사라진 상황에서 이를 무리하게 연장하려고 했던 것이었다.[60] 이 때문에 5·16 쿠데타 때와는 달리 처음부터 강한 반대와 저항에 직면하게 되었다. 더욱이 신군부의 권력 장악을 위해서 국군이 우리 국민에게 총칼을 들이대어 수많은 살상자를 낸 5·18 민주화 운동에 대한 무력 진압은 도저히 용서할 수 없는 일이었다. 전두환 정권은 출범부터 심각한 정통성의 위기를 겪게 되었다.

비상계엄 확대로 신군부가 권력을 장악한 1980년 5월부터 정권에 반대하는 저항이 시작되었다. 대학에서는 유인물을 뿌리고 구호를 외치는 시위가 일어났다. 그러나 시위자는 현장에서 곧바로 연행되었기 때문에 시위가 좀처럼 확산될 수 없었고, 시위 중 붙잡힌 남학생들은 곧바로 군대에 강제 징집되었다. 대학 캠퍼스에는 사복 경찰이 아예 상주했다. 유신시대의 긴급조치 9호에 못지 않은 억압적 상황이 되살아났다.

5·17 계엄 확대 이후 휴교령이 내려졌던 대학은 2학기가 되면서 다시 문을 열었지만, 고려대학교는 개강 후 얼마 지나지 않은 10월에 발생한 학생들의 시위로 11월 5일까지 다시 학교 문을 닫아야 했다. 한편, 1980년 12월 11일 서울대학교 학생회관 앞에서 전두환 정권에 반대하는 구호를 외치고 유인물을 뿌리던 학생들이 연행되었다. 전두환 정권은 연행한 학생들을 고문하는 등 대대적인 수사를 벌여 이들과 관련된 지하 서클을 발각했다. 이로 인해 9명이 구속되고 수십 명이 강제 징집되는 사건이 발생했다. 이는 '무림사건'으로 불린다.

1981년이 되면서 대학가의 시위는 더욱 빈번해지고 시위에 참여하는 학생의 수도 크게 늘었다. 특히 5·18 민주화 운동 1주년이 되는 5월이 되면서 대학가의 반정부 시위는 더욱 격해졌다. 대학에서는 전두환 정권의 퇴진을 요구하는 학생들의 시위가 일어나지 않는 날이 없었고, 투신이나 분신자살과 같은 극단적인 저항도 자주 나타났다. 대학생들의 이러한 운동은 이념적으로는 급진적이고 반미적인 성격을 띠기도 했다. 한편, 종교인, 문인, 일부 법조인, 재야 정치인으로 구성되는 재야 세력의 개헌 운동은 유신 시대에 비해 훨씬 더 조직화되어 있었고 그 규모도 훨씬 더 컸다.[61]

1982년 3월 18일에는 부산에서 미문화원 방화사건이 일어났다. 미문화원이 투쟁의 대상이 된 것은 5·18 민주화 운동에 대한 군의 투입과 관련이 있다. 당시 우리 군의 평시 작전권은 미군에게 있었다. 한국군의 작전권을 한미연합사령관인 주한미군사령관이 갖고 있는 상황에서 광주 시위 진압을 위해 20사단과 7공수특전단의 병력이 투입된 것은 광주 학살을 미국이 승인했거나 사실상 묵인한 것으로 볼 수밖에 없었다. 즉, 군의 이동이 미군의 승인 없이는 어려운 일이었기 때문에 5·18 민주화 운동에 대한 무력 진압과 관련된 미국의 진의를 의심하게 했다. 더욱이 신군부의 권력 장악이 마무리된 1981년 1월 말 전두환은 레이건Ronald W. Reagan 대통령의 초청으로 미국을 공식 방문했다. 이런 점으로 미루어 당시 미국이 냉전 안보 논리로 한국의 민주화를 지원하지 않고 있는 것이 확실해 보였다.

대학생들을 중심으로 한 격렬한 저항과는 달리 정치권은 정치 규제에 묶여 그동안 별다른 역할을 하지 못했다. 그런데 1983년 5·18 광주 민주화 운동 3주기를 맞이하여 김영삼 전 신민당 총재가 무기한 단식에 돌입했다. 단식과 함께 발표한 성명에서 구속 인사 전원 석방, 전면 해금, 해직 교수와 근로자 및 제적 학생의 복교·복권, 언론 자유, 개헌 및 국가보위입법회의의 제정, 법률 개폐 등을 요구했다.

언론의 통제로 당시 잘 알려지지 않았지만 정치인들이 이에 동조하면서 김영삼 단식투쟁대책위원회가 결성되었다. 미국에 있던 김대중 역시 연대 투쟁을 했다. 단식 8일째 되던 날 전두환 정권은 김영삼을 서울대학교병원에 강제 입원시켰지만, 김영삼은 23일간 목숨을 건 단식 농성을 계속했다. 김영삼의 단식은 1980년 짧았던 '서울의 봄'에 분열되었던 김대중과 다시 협력하는 계기를 마련했다. 김영삼은 단식 중 가택 연

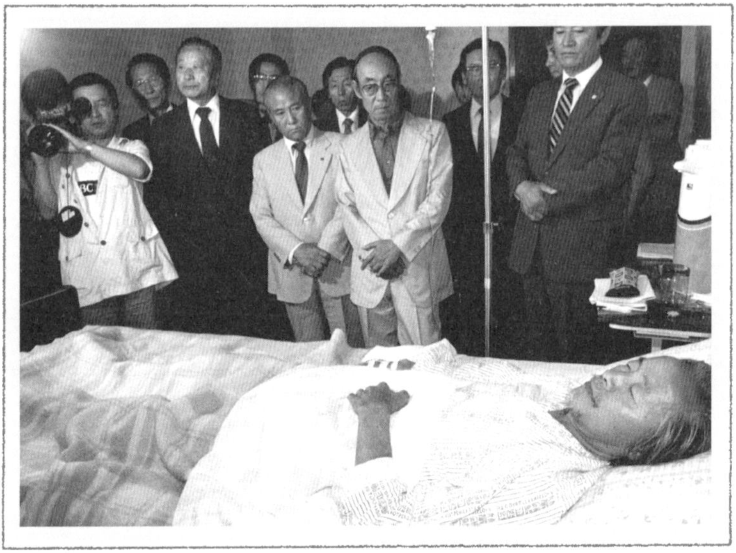

김영삼의 단식 투쟁
김영삼의 단식 투쟁은 이후 민주화추진협의회와 신한민주당 결성에 중요한 계기를 마련했다.

금이 해제되었다. 이후 과거의 동지들과 산행을 하기 시작했고, 이는 민주산악회의 결성으로 이어졌다.

김영삼 단식투쟁위원회는 김영삼의 단식 1년 뒤인 1984년 5월 18일에 민주화추진협의회(민추협)를 결성했으며, 민주산악회 조직 역시 민추협 결성에 큰 도움을 주었다. 민추협은 김영삼, 김대중을 공동의장으로, 김상현을 공동의장 대리로 추대했다. 정치 규제 속에서도 마침내 체제 저항적인 야당 세력이 힘을 합치게 된 것이다. 한편, 1983년 9월 30일에는 공개적인 정치 투쟁 단체인 민주화운동전국청년연합(민청련)

이 결성되었고, 김근태가 의장이 되었다.

1983년 후반기가 되면서 전두환 정권은 유화조치를 취했다. 정권의 권력 기반이 공고화해졌고 경제도 안정을 찾는 등 자신감을 갖게 되었기 때문이다. 더욱이 1984년 5월로 예정된 교황의 방한, 1986년과 1988년으로 각각 예정된 아시안게임과 올림픽으로 인해, 군사 반란, 광주 학살, 폭압적인 체제 등의 부정적인 이미지를 완화시킬 필요도 있었다.

1983년 12월 21일 학원 자율화 조치가 내려졌다. 이에 따라 5·17 계엄 확대 이후 대학에서 제적된 학생 1,363명의 복교를 허용하고 학생들에 대한 대책도 처벌에서 선도 위주로 바꾸겠다고 발표했다. 12월 22일에는 학생 131명이 집행 정지로 풀려났다. 이듬해 2월 8일 구속 중인 학생 48명이 추가로 석방되었고, 3월 2일에도 학생 159명이 석방되었다. 이와 함께 그동안 대학에 상주하고 있던 경찰도 철수했다. 해식 교수 35명도 복직시켰다. 정치 활동이 규제되어 있던 정치인들도 부분적으로 해금하기 시작했다. 1983년 2월 25일에는 정치 활동 피규제자 555명 중 250명이 해금되었고, 이듬해 2월 25일에도 추가로 202명이 해금되었다. 그러나 99명은 여전히 정치 활동이 금지되어 있었다. 이들 중 김영삼, 김대중, 김덕룡, 김상현 등 야당 핵심 인사 15명을 제외한 84명은 11월 30일 3차로 해금되었다.

학원 자율화 조치로 구속되었던 학생들이 대학으로 돌아오면서 학생 운동이 활성화되었다. 학교로 돌아온 제적생들은 1984년 3월 9일 서울대학교를 시작으로 각 대학별로 학원자율화추진위원회를 결성했다. 또한 학생들은 '학원민주화추진위원회', '제적학생 복교추진위원회'

를 결성하고 학교 민주화와 학원 사찰 중지, 강제징집 철폐, 학도호국단 철폐 등을 주장했다. 11월 5일에는 42개 대학이 참여하는 '반독재 민주화투쟁 전국학생연합'을 결성했다. 대학생들은 대학 간 연합 시위를 전개했으며, 구로공단에서 시위를 하는 등 노동자들과의 연대에도 관심을 갖기 시작했다. 1984년 11월 14일 대학생 264명이 총학생회 인정, 전면 해금, 선거법 개정, 학도호국단 폐지 등을 요구하며 안국동 민정당 당사를 점거하기도 했다. 전두환 정권의 억압 속에서도 대학생들은 마르지 않는 저항의 샘물이었다.

1985년 초에는 국회의원 선거가 예정되어 있었다. 한국 군부 권위주의의 중요한 특징 중의 하나는 선거, 의회, 정당과 같은 형식적 민주주의의 외피를 완전히 벗어던지지 않았다는 것이다. 가장 억압적인 권위주의 정권인 유신체제하에서도 선거는 존속되었다. 선거는 권위주의 정권의 억압적인 본성을 감추면서 정권의 이미지를 개선하고 정통성을 높일 수 있는 가장 효과적인 의사疑似 민주주의적인 장치로 간주되었다. 또한 선거가 권위주의 정권이 의도한 결과를 낳았을 경우, 선거는 자유화 확대 요구의 억압을 정당화할 수 있는 근거를 제공할 것으로 믿었다.[62] 이승만, 박정희 정권에서도 보았지만, 완전히 자유롭고 공정한 선거는 아니었지만 언제라도 국민의 불만이 선거를 통해 터져 나올 수 있어서 권력자로서는 매우 부담스러운 것이었다.

민추협은 1985년 총선의 참여 여부를 두고 내부적으로 갈등을 빚었다. 총선에 나가봐야 들러리만 서는 것이 아니냐는 반대 입장과 선거라는 열린 공간에서 전두환 독재체제에 대한 비판과 투쟁을 해야 한다는 찬성 입장으로 나뉘었다. 김덕룡과 김상현은 창당과 선거 참여를 강하게 주장했다. 민추협은 진통 끝에 12월 11일 마침내 새로운 정당을 창당하여 총선에 참여하기로 결정했다. 민추협의 총선 참여 결정과 함께 민한당에 머물러 있던 김현규, 허경만, 박관용, 김찬우, 홍사덕, 최수환, 손정혁, 서석재, 김형래 등이 12월 19일 집단 탈당하여 새 정당 창당에 참여하기로 했다. 전두환 정권은 이에 대해 김현규 등 탈당자를 안기부에 구금하고 위협을 가했다. 이에 따라 추가 탈당자는 나올 수가 없었다. 12월 20일 이민우를 창당 준비위원장으로 하는 신한민주당 창당 발기인 대회가 열렸고 이듬해 1월 18일에는 신한민주당 창당대회가 열렸다. 당 총재에 이민우, 부총재에 김녹영, 조연하, 이기택, 김수한, 노승환 등 5명을 선출했다. 2월 12일로 예정된 선거일을 불과 25일 앞두고 체제 도전적인 선명 야당이 등장하게 되었다.

신한민주당은 선거운동을 활용하여 '민정당의 2중대, 3중대'인 관제 야당 민한당, 국민당과의 차별성을 부각시켰고, '대통령 직선제 개헌'이라는 체제 변혁의 요구를 분명히 했다. 신한민주당 후보들은 전두환 정권의 폭압과 비리를 비판했고, 국정감사권 부활, 지방자치제 전면 실시, 언론 기본법 및 노동 관계법 개폐 등을 요구했다. 선거 직전인 2월 8일에 김대중이 미국에서 귀국하면서 신한민주당의 '바람'에 큰 힘을 보탰다. 한겨울인 2월에 실시된 선거였지만 투표율은 1981년 선거 때보다 오히려 6.2%나 높아졌다. 선명성을 강조한 신생 야당의 출현과 함께 선거에 대한 유권자들의 정치적 관심이 커졌기 때문이라고 할 수 있다.

가히 '신한민주당의 돌풍突風'이라고 할 만한 선거 결과가 나타났다.

2·12 총선 결과 집권당인 민정당은 지역구에서 1구 2인제 방식의 선거구 184개 중 87개 의석을 얻었고, 전국구 61석을 합해 모두 148석을 차지했다. 그런데 야당 가운데 최다 의석을 차지한 것은 다름 아닌 신생 신한민주당이었다. 신한민주당은 6대 도시 29개 선거구 가운데 28석을 차지하는 등 지역구에서 50석, 전국구 17석으로 모두 67석을 얻었다. '관제 야당'이었던 민한당은 지역구 26석, 전국구 9석으로 35석을 얻는 데 그쳤고, 국민당은 지역구 15석과 전국구 5석으로 20석을 얻었다. 득표율에서도 민정당은 35.3%를 얻었고, 신한민주당은 29.3%를 얻었다. 민한당은 19.7%, 한국국민당은 9.2%를 얻었다.

민정당의 148석은 득표율 때문이 아니라, 여당에게 유리하게 만들어 놓은 선거 제도 탓이었다. 그러나 2·12 총선의 진정한 승자는 신한민주당이었다. 창당된 지 불과 25일 만에 신한민주당은 기존의 정당 체계를 무너뜨리고 제1야당으로 등장했다. 대도시 지역에서 신한민주당에 대한 지지는 특히 높았다. 신한민주당은 서울에서 42.7%, 부산에서 37%를 얻었지만, 민정당은 서울에서 27.3%, 부산에서 28%를 득표하는 데 그쳤다. 신한민주당의 부상으로 이제 권위주의 체제에 도전하는 정치 세력이 제도권 내에 전면적으로 등장하게 되었다.

5 대통령 직선제 투쟁

총선 결과는 곧이어 야권의 재편으로 이어졌다. 선거 패배와 함께 민한당은 분열되었다. 선거 두 달 후 대다수 의원들이 신한민주당으로 당적을 옮기면서 민한당은 결국 와해되고 말았다. 4월 3~4일에 민한당 소속 의원 30명이 탈당하여 신한민주당에 입당했고, 뒤이어 국민당 의원 3명, 신민주당, 신정사회당, 무소속 각 1명의 의원이 신한민주당에 합류하면서 신민당은 국회 재적 의원의 3분의 1이 넘는 103석을 확보하게 되었다.

이로써 신한민주당은 개헌을 저지할 수 있고, 단독으로 국회를 소집할 수 있는 의석을 갖게 되었다. 이후 신한민주당은 민주화를 열망하는 저항 세력이 구심점이 되었고, '직선제 개헌' 등 본격적인 민주화 운동이 전개되기 시작했다. 전두환의 권위주의 체제에 대한 불만과 민주주의에 대한 열망은 1956년 대선과 1978년 총선 때처럼 이번에도 선거를 통해 표출되었다. 신한민주당의 부상과 함께 1985년 3월 6일에는 마지막까지 규제 대상으로 남아 있던 나머지 15명의 정치 활동 규제도 해금되었다.

신한민주당이 제1야당으로 부상하면서 이제 국민들은 정치적 대안 세력을 갖게 되었다. 또한 2·12 총선에서 신한민주당의 급부상은 급격한 혁명적 변화가 아니라 선거를 통한 민주화의 전략이 실현 가능하다는 희망을 국민들에게 심어주었다.[63] 더욱이 신한민주당은 총선 과정에서 대통령 직선제를 공약으로 내세웠다. 이후 민주화 운동은 대통령 직선제 쟁취라는 하나의 목표를 향해 모든 저항세력이 하나로 결집되어 갔다.

2·12 총선 이후 대학에서의 학생 운동은 더욱 활발해졌다. 거의 매일같이 교내에서나 가두에서 시위가 일어났다. 특히 5월이 되면서 5·18 민주화 운동 진압의 진상 규명과 책임자 처벌을 요구하는 시위가 잦아졌다. 5월 23일에는 대학생 73명이 서울 시내 한복판에 있는 미국 문화원을 점거했다. 이들의 점거 시위는 전세계적으로 관심을 끌었다. 점거 농성은 26일까지 계속되었다.

한편, 총선 이후 사회 운동 세력들은 1985년 3월 다양한 사회 운동의 결집체인 '민주통일민중연합(민통련)'을 결성했다. 총선 이후 제도권 정치에서 신한민주당이라는 구심점이 생겨났다면, 이제 민통련의 결성으로 재야 운동 세력에서도 단일 구심체가 생겨난 것이었다. 1985년 9월에 민청련, 기독교농민회, 서울노동운동연합(서노련), 일부 기독교 단체 등 11개 운동조직이 추가로 민통련에 합류하면서 민통련은 재야, 노동, 종교, 농민, 빈민, 지식인 운동 등 23개 단체로 구성된 거대한 연합

조직이 되었다.

이제 정치권과 재야의 저항 운동의 구심점이 만들어졌고, 투쟁의 목표도 '직선제 개헌 쟁취'로 모아졌다. 신한민주당은 애당초 2·12 총선에서 대통령 직선제 개헌을 요구한 만큼, 총선 이후 개헌추진본부를 구성하기로 했다. 민통련 역시 11월 20일 민주헌법쟁취위원회를 구성했다. 신한민주당은 헌법 개정을 논의하기 위한 특별위원회를 국회에 설치하자는 제안을 했으나 전두환 정권은 이를 거부했다.

제도정치권 내에서 헌법 개정 논의가 거부되면서 신한민주당은 대중 동원을 통해 압력을 가하기로 했다. 1986년 2월 12일 총선 1주년을 맞아 신한민주당과 민추협은 대통령 직선제 개헌을 요구하는 1,000만 개헌서명운동에 돌입했다. 전두환 정권은 이에 대해 신한민주당사와 민추협 사무실을 봉쇄하고 김영삼과 김대중을 일시적으로 가택 연금하는 조치를 취했다. 그러나 3월 8일 신한민주당은 헌법개정추진위원회 서울시지부 현판식을 갖는 것을 시작으로 개헌서명운동을 본격화했다.

개헌추진서명운동은 국민들의 많은 성원과 관심을 이끌어 냈다. 각 지역에서 개헌추진위원회 결성대회를 가질 때마다 많은 학생과 시민이 몰려들었다. 전국 8대 주요 도시에서 50~70만 정도의 대중이 참여했다. 한편, 신한민주당의 이민우 총재와 김대중, 김영삼은 3월 17일 재야 사회운동세력과 문익환 민통련의장, 박형규 한국 기독교교회협의회NCC 인권위원, 이돈명 가톨릭 정의평화위원장 등과 함께 '민주화를 위한 국민연락기구(민국련)'를 구성했다. 제도권 야당과 재야 세력 간의 협력 기구가 결성된 것이다.

이처럼 개헌 추진에 대한 국민적 지지가 예상 밖으로 뜨거워지면서 전두환 정권에서도 이에 대한 반응이 나타났다. 전두환 대통령은 1986년 4월 30일에 이민우 신한민주당 총재, 이만섭 국민당 총재, 노태우 민정당 대표 등 3당 대표를 초청하여 "여야가 합의해서 헌법 개정안을 비롯한 정치 일정을 건의한다면 이에 반대할 생각이 없다"는 뜻을 밝혔다. 이는 전두환 정권이 자신의 임기 말 이전이라도 여야가 합의하면 개헌에 반대하지 않겠다는 정치적 양보로 해석되었다. 그러나 이러한 의사 표명은 야당과 사회 운동권의 분열로 이어졌다. 재야와 학생 등 사회 운동 세력은 군부 독재의 즉각적인 퇴진을 요구한 반면, 야당은 여당과의 협상에 더욱 큰 관심을 갖게 되었다. 결국 민통련은 5월 1일 신한민주당의 태도를 보수대연합의 기도로 비난하고 민국련 탈퇴를 결정했다.

재야와 야당 간의 분열은 5·3 인천사태에서 극명하게 드러났다. 인천에서는 5월 3일 신한민주당 개헌추진위원회의 경기, 인천 지부 결성대회가 예정되어 있었다. 신한민주당은 대회 규모를 축소하고 대회를 정권으로부터 양보를 얻어낸 성공을 자축하는 축제로 삼기를 원했지만, 반대로 사회 운동 세력은 신한민주당과 정권 간의 보수대연합의 움직임에 쐐기를 박으려는 공격의 기회로 간주하고 있었다.

5월 3일 인천에는 재야연합세력인 민통련, 민청련, 인천지역노동자연맹(인노련), 서울노동연합, 학생층에서는 민민투(반제반파쇼 민족민주화 투쟁위원회), 자민투(반미자주화 반파쇼 민주화 투쟁위원회) 등 약 1만 5,000여 명이 참가했다. 그 자리에서는 반정부, 반체제 구호뿐만 아니라 신한민주당까지 성토의 대상이 되었다. 민통련은 '민주헌법 쟁취'를 내세웠지만, 서노련, 인노련 등 노동 운동 진영과 학생 운동권에서는 이날을 신한민주당의 기회주의적 속성을 폭로하는 기회로 삼고자 했다.[64] 시위는 매우 격렬해서 민정당사 인천 지부가 불탔고 경찰차 등 경찰 시설이 파손되었다. 인천 시내는 전쟁터를 방불케 할 만큼 엉망이 되었다.

전두환 정권은 인천사태를 핑계로 학생·노동 운동에 대한 탄압과 감시를 한층 강화시켜 나갔다. 그리고 전국노동연맹 추진위원(전노추) 사건, ML당 사건, 반제동맹당 사건 등을 발표하여 좌경운동 세력을 용공세력으로 몰아 탄압을 가했다. 1986년 11월에는 건국대학교에서 열린 애학투련(전국반외세반독재애국학생투쟁연합) 결성 대회에 모인 학생들을 건물 안으로 몰아넣어 1,500여 명을 연행하고 1,290명을 구속했다. 같은 무렵 14개 노동 단체에도 해산령을 내렸고 민통련 사무실을 폐쇄했다. 5·3 인천사태와 건국대학교 점거 사건 이후 급진적인 학생·노동 운동이 큰 타격을 입었고 쇠퇴하기 시작했다.

한편, 민정당과 신한민주당은 국회의 가을 회기가 종료되는 1986년 이전까지 신헌법의 초안을 작성하기로 합의했다. 이에 따라 국회는 6월 24일 '국회헌법개정특별위원회' 구성을 결의했고, 7월 30일에는 민정당 23명, 신한민주당 17명, 국민당 4명, 무소속 1명 등 45명의 의원으로 위원회를 발족했다. 그러나 국회 헌법개정특위는 한 차례의 공식 회의도 열리지 않았고 9월이 되면서 신한민주당은 헌법개정특위에 불참을 선언했다.

기대했던 제도권 정치에서의 헌법 개정이 무산되면서, 신한민주당은 다시 재야 세력과 힘을 합치게 되었다. 11월 29일 인천사태 이후 처음으로 야당과 사회 운동 세력은 서울에서 공동으로 그간 연기해 온 '개헌 추진 서울 대회'를 개최했다. 그러나 경찰은 3만 명 이상의 병력을 동원하여 개헌 추진 대회를 원천적으로 봉쇄했다. 경찰의 봉쇄에도 불구하고 민주화 운동은 이제 최후의 승리를 향해 나아가고 있었다.

6 6월 민주 항쟁과 6·29 민주화 선언

1986년 말에 신한민주당을 흔드는 사건이 발생했다. 이른바 '이민우 구상'이었다. 1986년 12월 24일 신한민주당 총재인 이민우는 언론 자유, 공무원의 정치적 중립, 구속자 석방, 지방자치, 사면 복권, 공정한 선거법, 건전한 정당 제도 보장 등 7개 항의 자유화 조치가 선행되면 정권과 개헌 협상을 재개하겠다는 구상을 발표했다. 그런데 이는 민정당과 전두환 정권에서 원하는 내각제 개헌을 수용하겠다는 의미였다. 신한민주당은 개헌 문제를 두고 혼란에 빠졌다. 1987년 2월 13일 김영삼과 김대중은 공동 기자회견을 열어 이민우 구상에 대한 거부를 분명히 하고, 대통령제와 내각제 중 어떤 방식으로 개헌할 것인지를 국민투표로 결정하자고 제안했고, 이를 위해 전두환과의 대화를 요구했다.

그런데 1987년 1월 14일 서울대학교 학생이었던 박종철이 경찰 고문으로 사망한 사건과 함께 정국은 걷잡을 수 없는 격랑으로 이어졌다. 경찰은 "심문 시작 30분 만인 14일 오전 11시 20분경에 수사관이 주먹

9號 【第3種郵便物(가)급認可】 東亞

大學生 경찰調査받다 死亡

民民鬪관련

檢察서死體부검 "고문드러나면 搜査官구속"

"무릎찰과傷 손가락사이 멍" 경찰

"오른쪽肺 탁구공크기 출혈" 剖檢결과

"목과 가슴주위 피멍많았다" 醫師

교내시위 주동혐의등으로 치안본부 대공수사2단에 연행돼 조사를받던 서울대 朴鍾哲군(21·인문대 언어학과 3년)이 14일 조사도중 갑자기 쓰러져 병원으로 옮기던중 숨졌다.

검찰은 15일밤 朴군의 사체를 부검했으며 경찰의 조사과정에서 가혹행위가 있었는지의 여부를 가려내기 위해 朴군을 조사한 수사관들을 소환, 가혹행위사실이 밝혀지면 전원 구속할 방침이다.

숨진 朴군의 사인을 밝혀내기위한 사체부검은 15일밤 9시5분부터 10시25분까지 1시간20분동안 한양대병원에서 서울지검형사부 安商守검사의 지휘와 국립과학수사연구소의 黃迪駿박사의 집도로 실시됐다. 이날 부검에는 숨진 朴군의 삼촌朴月吉씨와 한양대의사 한명이 입회했다.

경찰관계자는 16일 朴군의 사체부검결과에 관해 사체외표검사에서 왼쪽 무릎에 0·6㎝의 찰과상이 있었고 오른쪽 손의 엄지와 검지사이의 손등쪽에 작은 멍이 들어있는것이 확인됐다고 밝혔다.

경찰관계자는 또 『철저한 부검결과가 나오는대로 관계수사관들을 조사해 잘못이 드러나면 철저히조사 엄중처리 하겠다』고 말했다.

경찰관계자에 따르면 사체의 내경검사결과 오른쪽 폐에서 탁구공 크기만한 출혈반이 발견됐는데부검을 집도한 의사는 『출혈반의 원인은 여러가지가 있을수 있으나 전기충격요법이나 인공호흡을 했을 때 생길수도 있다』고 말하고 『특별한 치명상은 발견되지 않았지만 목과 가슴주위에 피멍이 많이 발견됐다』고 말했다는것.

숨진 朴鍾哲군

숨진朴군을 치안본부 조사실에서 처음으로진료한 중앙대부속용산병원내과의吳演相씨(32)는『도착즉시朴군의 눈동자를 살펴보고 심전도및호흡상태를 살펴본결과 이미숨진상태였었다』며 『그뒤 기관지에 튜브를집어넣어 인공호흡을시키고 충격요법으로 사용되는 캠플주사를놓고 심장마사지를 약30분동안이나 계속했으나 朴군의 심폐기능은 소생되지 않았다』고 말했다.

吳씨는 또 『심장마사지 과정에서는 가슴뼈를 심하게 때리거나 폐부근을 강하게 누르게 돼있어 폐와 가슴뼈등에 상처가 나는수도 있다』고 밝히고 『그러나 이날 심장마사지 도중 전기충격요법은 전혀 사용하지 않았다』고말했다. 이날 부검하는것을지켜본 朴군의 삼촌 朴月吉씨(36)에 따르면 朴군의 사체는 두피를 벗기자 머리 한쪽에 피멍자국이 드러나 보였으며 이마 뒤통수 목 가슴 하복부 사타구니등에 여러군데의 피멍자국이 있었다는 것이다.

朴군의 가족들은 이날 종교적인 이유로 부검을 반대했다가 경찰과 검찰의 설득으로 부검에 응했다.

검찰고위관계자는 『부검결과를 통보받는대로 사실을 철저히 규명하겠다』면서 『정확한 부검결과가 나오기까지는 서두르더라도 3일가량 걸린다』고 밝혔다.

검찰은 또 朴군의 죽음에 대한 의혹을 없애기 위해 부검결과를 발표할 방침이다.

이 관계자는 또 『사실규명결과 고문사실이 드러날 경우 관련자를 전원 구속할 방침』이라고 말했다.

이날 서울지검의 관계자들은 부검결과와 朴군이 입은 외상등에 대해서는 일체 함구했다.

또 朴군의 시체를 부검하기 위한 압수수색영장도 비

박종철 고문치사 사건을 다룬 신문기사(《동아일보》 1987. 1. 16.)

으로 책상을 '탁' 치며 추궁하자 '억' 하며 쓰러졌다"고 발표했다. 그러나 《동아일보》는 부검에서 시체에 여러 개의 피멍자국이 있었다는 사실과 쇼크사가 아니라 고문에 의한 사망이라는 검안檢案 의사의 소견서를 보도했다. 현장 바닥에 물이 흥건했다는 진술도 얻어냈다. 더 이상 고문에 의한 사망이라는 사실을 부인할 수 없게 되었다. 박종철 고문치사 사건은 민주화 운동 세력을 재결집시키는 계기를 마련했다.

신한민주당은 임시국회를 열어 국정조사권 발동을 위한 진상조사 특별위원회를 구성하자고 요구했다. 전두환은 박종철 고문치사 사건에 대해 유감을 표시하고, 20일 내무부장관과 치안본부장을 경질했다. 1월 27일에는 민추협 사무실에서 김대중, 김영삼, 계훈제, 송건호 등이 '고故 박종철 군 국민추도회 준비위원회'를 결성했다. 준비위원회는 1987년 2월 7일에 국민추도 대회를 열기로 했다.

전두환 정권은 추도 대회를 원천적으로 막고자 했다. 이에 따라 서울에만 3만 6,000명에 달하는 경찰이 동원되었다. 김영삼, 김대중 등의 정치 지도자들과 주요 재야 인사들은 가택 연금되었고, 일반 신도의 명동성당 출입도 제한되었다. 그러나 서울 시내 곳곳에서 추도 시위가 열렸고, 시위대는 경찰과 충돌했다. 한편, 국민추도회 준비위원회는 박종철의 49제가 열리는 3월 3일에 '고문 추방 민주화 국민평화 대행진'을 갖기로 했다. 그러나 3월 3일의 평화 대행진은 경찰의 봉쇄로 2월 7일의 추도 대회보다는 시위 규모가 약했다.

4월 8일, 김영삼과 김대중은 내각제 개헌에 수용적인 태도를 보인 이민우 총재와 결별하기로 했다. 양兩 김은 이날 신당 창당을 선언했다.

다음날 신한민주당 소속 의원 74명 중 63명이 신당의 창당주비위원회에 합류했다. 그리고 4월 13일 통일민주당 창당 발기인 대회를 열었다.

그런데 바로 그날 전두환 대통령은 특별 담화를 발표했다. 담화 내용은 1988년 서울 올림픽 이후까지 개헌에 관한 모든 논의를 일체 금지하고, 현행 헌법으로 차기 대통령을 선출하겠다는 것이었다. 평화적 정권 교체와 서울 올림픽 개최라는 긴급한 과제가 성취된 후인 1989년에 개헌을 논의하는 것이 순서라는 것이었다.

전두환 정권의 4·13 호헌護憲 조치는 국민들에게 큰 실망과 분노를 일으켰다. 현행 헌법에 의한 대통령 선거라는 것은 대통령 선거인단에 의한 또 한번의 '체육관 선거'를 의미했다. 4·13 호헌 조치 발표 이후 사회 각계각층에서 반대 투쟁이 벌어졌다. 대한변호사협회는 항의 성명을 발표했고, 광주대교구 소속 신부 18명은 조치에 항의하는 무기한 단식 농성에 들어갔다. 교수들 역시 호헌 선언에 대한 반대 성명을 발표했다. 교수들의 반대 성명에는 전국 50개 대학에서 1,530명의 교수들이 참여했다. 4·13 호헌 선언은 민주화 추진 세력을 크게 자극했을 뿐만 아니라 정치적으로 현상 유지를 선호해 온 일부 도시 중산층까지도 전두환 정권에 등을 돌리게 하는 결과를 가져왔다.[65]

한편, 통일민주당은 1987년 4월 29일 소속 의원 67명으로 국회 내 원내교섭단체 등록을 하고, 5월 1일에는 김영삼을 총재로 선출하고 창당 대회를 가졌다. 그러나 창당 과정에서 김대중은 가택 연금을 당하고 이철 의원은 구속되는 등 창당을 방해하기 위한 각종 억압이 있었다. 지구당 창당 과정에서는 대낮에 각목과 쇠파이프를 든 깡패들이 몰려와서 난동을 벌였다. 그러나 갖은 어려움 속에서도 이제 야권은 신한민주당이 아니라 통일민주당을 중심으로 재정비되었다. 통일민주당 창당으로 야권은 이민우 구상 파문 이후의 당내 혼란에서 벗어나게 되었다.

1987년 5월 18일은 5·18 민주화 운동 7주년 기념일이었다. 그날 오후 6시 30분에 명동성당에서 열린 기념 미사에서 전두환 정권이 숨기고 있던 엄청난 사실이 폭로되었다. 김수환 추기경의 강론과 미사가 끝난 후, 정의구현사제단을 대표하여 김승훈 신부가 단상에 올라 '박종철 고문치사 사건의 진실이 조작되었다'는 요지의 원고를 읽었다. 고문치사 사건에 더 많은 경찰이 관련되었지만 관계 기관 회의를 통해 이를 축소했다는 것이었다. 검찰은 처음에는 이를 부인했으나 결국 고문에 참여한 경관이 3명이 더 있다고 발표했다. 그러나 5월 22일《동아일보》는 치안본부 5차장 박처원 치안감이 참석한 경찰 간부 모임에서 범인 축소 조작이 이뤄졌다는 기사를 1면 머리기사로 내보냈다. 이와 함께 전국 대학에서는 수천 명의 학생들이 시위를 벌이며 고문 축소 조작을 규탄하고 4·13 호헌 조치 철회를 요구했다. 학생들과 많은 시민들이 고문 축소 조작 사건에 분노했다. 민심은 급속도로 악화되어 갔다. 이제 4·13 호헌 조치에 대한 분노를 넘어 고문, 학살 정권의 타도 요구로까지 이어졌다.

결국 이 사태에 책임을 지고 5월 26일의 임시국무회의에서 내각의 일괄사표가 제출되었다. 국무총리, 부총리, 내무부장관, 법무부장관, 재무부장관, 법제처장, 검찰총장 등이 교체되었다. 과거 전두환의 경호실장이었고 당시에는 안기부장이었던 장세동, 국무총리 노신영 등 강경파가 이때 함께 교체되었다. 5월 29일 검찰은 경찰 고위 간부 3명을 구속했다.

이러한 상황에서 1987년 5월 27일 '민주헌법쟁취 국민운동본부(국본)'라는 민주화 투쟁을 위한 최대 연합 조직이 결성되었다. 국본에는 김영삼, 김대중 등 정치인 213명, 문익환, 박형규, 윤공희, 김승훈, 지선 등 종교계 683명, 함석헌, 홍남순, 고은, 한승헌, 송건호 등 각계 대표 943명과 지역 대표 352명 등 2,191명이 발기인으로 참여했고, 오충일 목사를 위원장으로 선출했다. 국본은 야당 정치인, 종교계, 예술인, 언론인, 농민, 빈민, 민통련 등을 망라하는 대규모 저항 조직이었다.

국본은 6월 10일에 '고문 살인 조작 규탄 및 호헌철폐 국민대회'를 개최하기로 했다. 6월 10일은 민정당 대통령 후보 지명일이었다. 이날에 맞춰 대규모 저항 시위를 계획한 것이었다. 국본이 발표한 6·10 국민 대회의 행농 강령은 매우 애국적이고 평화적이었다. 그들이 발표하는 행동 지침은 "오후 6시 국기 하강식을 기하여 전 국민은 있는 그 자리에서 애국가를 제창하고, 애국가가 끝난 후 자동차는 경적을 울리고, 전국 사찰, 성당, 교회는 타종을 하고, 국민들은 형편에 따라 만세삼창(민주헌법쟁취 만세, 민주주의 만세, 대한민국 만세)을 하거나, 제자리에서 1분간 묵념을 함으로써 민주쟁취의 결의를 다진다"는 것이었다.[66]

경찰은 대규모 병력을 동원하여 국민대회를 진압하고자 했지만 6·10 국민 대회에는 서울뿐만 아니라 부산, 인천, 마산, 광주, 대전, 청주, 천안, 성남, 춘천, 목포, 군산, 포항, 울산, 안동, 안산 등 전국 각지에서 군중이 대규모로 참여했다. 전국 22개 도시에서 30만 명이 넘는 시민이 참여했다. 학생뿐만 아니라 일반 시민의 참여도 높았다. 명동성당에는 시위대가 성당 안으로 진입해서 농성을 벌였는데, 이 농성은 15일

6월 민주 항쟁

까지 계속되었다. 서울 명동과 시청 앞 시위에는 이른바 '넥타이 부대'라고 불리는 화이트칼라White Collar 직장인들도 참여했다. 6월 민주 항쟁이 본격적으로 시작된 것이다. 서울 시내는 매일 화염병과 돌로 맞서는 데모대와 시위대를 최루탄으로 진압하려는 경찰력 사이의 각축전으로 일대 혼란이 벌어졌다.

한편, 6·10 국민 대회 하루 전날 연세대학교에서 열린 6·10 국민 대회 출정식을 마치고 교문에서 경찰과 공방을 벌이던 와중에 연세대학교 학생 이한열이 최루탄을 맞고 쓰러졌다. 이한열은 병원으로 옮겨졌지만 사경을 헤매고 있었다. 국본은 6월 16~18일을 '최루탄 추방 국민 결의의 날'로 정했다. 6월 16일 전국 16개 도시에서 대규모 인원이 참여한 최루탄 추방 시위와 집회가 열렸다. 국본은 17일 회의에서 6월 26일에 '민주헌법쟁취를 위한 국민평화대행진'을 갖기로 했다.

노태우 민정당 대표는 야당 총재들과의 연쇄 회담을 제안했지만 19일 김영삼은 그 제안을 거부하고 전두환 대통령과의 영수회담을 제안했다. 이를 전두환이 수용하면서 6월 24일 전두환과 김영삼의 영수회담이 열렸다. 김영삼 총재는 4·13 호헌 조치 철회, 정치범 석방, 김대중의 공민권 복원 등 민주화 조치와 직선제 개헌을 수용하거나 혹은 대통령 직선제와 내각제를 국민투표로 결정하자고 주장했다. 전두환은 4·13 호헌 조치의 철회와 김대중의 공민권 복원 요구는 수용했으나, 다른 요구에 대해서는 반응하지 않았다. 김영삼은 회담이 결렬되었다고 선언하고 6월 26일에 열린 평화대행진 참여를 결정했다. 6·26 국민평화대행진은 전국 34개 도시, 4개 군에서 동시다발적으로 진행되었다. 경찰이 총동원되어 저지하려고 했지만 100만 명이 넘는 시민과 학생들이 시위에 참여했다. 이제 전두환 정권은 시민들의 저항을 막는 데 한계에 도달했다.

6월 민주 항쟁이 이렇게 많은 이들의 참여를 이끌어 낼 수 있었던 것은 체제의 본질적 변혁보다 절차적 민주적 권리의 회복에 초점을 맞추었기 때문이다. '호헌 철폐, 독재 타도'라는 구호가 잘 보여주듯이, 국본의 민주화 요구는 최소 강령적이었으며, 그 수단은 비폭력적 대중 동원이었다. 절차적 민주주의의 회복에 찬성하고 군부 독재를 반대하는 모든 세력들은 그들 간의 계급적·직업적·종교적·지역적 차이에 관계 없이 민주화를 위한 시위 대열에 동참할 수 있었다.[67] 대통령 직선제 개헌 요

The Kyunghyang Daily News

1987년6월29일 월요일

京鄕新聞

盧대표, 直選改憲 선언

民正 中執委서 새憲法따라 내년2월 政府移讓

全대통령에 8개項 時局수습책 건의

金大中씨 赦免·復權 곧 단행

時局관련 拘束者 모두 석방

言基法 改廢 言論자유보장

대학 人事·入試 자율성부여

與野 곧 구체協商

重鎭 協議機構구성 가능성

'국민에 希望 안겨줘' 金泳三씨

'不出馬 약속 지킬것' 金大中씨

民正 黨論으로 확정

6·29 민주화 선언(《경향신문》 1987. 6. 29.)

구는 제도권 정당과 시민 사회가 서로 합의할 수 있는 최소의 공동 요구 조건이었다. 일부 학생들이나 재야, 노동 세력이 주장하는 체제 전복, 제헌 수준의 제도 변혁, 혁명적 변화는 제도권 정치인들로서는 수용할 수 없었으며, 중산층의 지지를 받기도 어려웠다.

6월 민주 항쟁이 거세게 진행되고 있는 가운데 1987년 6월 29일 민정당의 대통령 후보인 노태우가 6·29 민주화 선언으로 불리는 '국민 대화합과 위대한 국가로의 전진을 위한 특별 선언'을 전격적으로 발표했다. 그 내용은 여야 합의하에서 조속히 대통령 직선제 개헌을 하고, 새 헌법에 의한 대통령 선거를 통해 1988년 2월에 평화적 정부 이양을 실현한다는 것, 김대중을 사면, 복권하며, 시국 관련 사범을 석방하겠다는 것, 자유로운 출마와 공정한 경쟁이 가능하도록 대통령 선거법을 개정하겠다는 것이었다. 국민들이 요구해 온 '대통령 직선제 개헌' 요구를 마침내 권위주의 체제가 수용한 것이었다. 이와 함께 인권 신장, 언론 자유, 지방자치 실시, 대학 자율화의 추진을 약속했다. 민주화를 위한 요구가 마침내 관철되었다. 1980년 봄에 등장한 신군부의 철권鐵拳통치 속에서 기약할 수 없었던 민주화가 마침내 이뤄진 것이다.

이에 따라 새로운 정치 질서 형성을 위한 개헌 작업이 진행되었다. 우선 여야 간의 개헌 협상이 이뤄졌다. 개헌 협상 전담기구인 여야 '8인 정치회담'이 7월 31일 첫 회의를 가졌다. 민정당에서는 권익현, 윤길중, 최영철, 이한동 의원이, 야당에서는 이중재, 박용만, 김동영, 이용희 의원이 협상 대표로 나섰다. 첫 회의가 열린 지 한 달 만인 1987년 8월 31일에 헌법 전문과 본문 130개 조항에 완전한 합의를 이룸으로써 헌정 사상 첫 여야 합의 개헌이라는 성과를 거뒀다.

헌법 개정안은 8인 정치회담 합의 이후에도 국회 개헌특위와 본회의 의결, 국민투표까지 많은 절차가 남아 있었지만 새로운 헌법이 탄생하기까지는 불과 3개월도 걸리지 않았다. 9월 17일에 국회 헌법 개정기초소위에서 헌법 개정안 초안이 완성됐고, 9월 18일에 헌법 개정안이 발의되었으며, 10월 12일에는 국회에서 헌법 개정안이 의결되었다. 10월 27일에 열린 국민투표에서 총 유권자 78.2%의 투표와 투표자 93.1%의

절대적인 지지로 개헌안이 확정됐다.

개정 헌법의 가장 중요한 내용은 대통령 직선제 도입이었다. 대통령의 임기는 5년으로 하고 단임만을 허용하기로 했다. 이와 함께 대통령의 권력 집중을 견제하고, 장기집권을 막기 위한 제도적 장치가 마련되었다. 유신체제 이후 대통령이 가졌던 비상조치권, 국회 해산권을 폐지했고, 국회의 국정조사권을 부활시켰다. 사법부의 독립을 위해 법관의 임명 절차를 개선했고, 헌법재판소를 신설했다. 언론 출판, 집회 결사에 대한 허가 검열을 금지했고, 구속적부심사 청구권의 전면 보장, 형사 보상 제도의 확대, 범죄 피해자에 대한 국가 구조제 등의 방안이 도입되는 등 국민 기본권을 신장하는 방향으로 개정이 이뤄졌다.

민주 헌법이 통과되면서 대한민국은 길고 어두웠던 권위주의 체제와 독재의 억압에서 벗어나서 민주적인 사회로 나아가기 위한 첫발을 내딛었다. 그런데 사실 한국의 민주화는 권위주의 세력과 민주화 운동 세력 간의 '타협'에 의해 이뤄졌다. 이 때문에 민주화가 시작되었지만 그것은 여전히 불안정했고 조심스러운 출발이었다. 내용적으로도 대한민국의 민주화는 혁명적 전환이라기보다는 '대통령 직선제 개헌'으로 요약되듯이 자유롭고 공정한 선거의 보장에 놓여 있었다.

그러나 민주화와 함께 권위주의적인 통치자가 자의적으로 헌정을 유린하고, 시민의 인권과 자유를 억압하며, 권력을 개인에게 집중시켜 온 길고 어두운 과거의 역사가 다시 반복될 수는 없게 되었다. 6월 민주 항쟁과 뒤이은 6·29 민주화 선언은 당시로서는 미약해 보였지만, 민주주의를 향해 위대한 첫걸음을 내딛은 것이었다.

제2차 세계대전 이후 독립한 국가들 가운데 대한민국은 경제적 성장과 정치적 민주화를 이룬 드문 사례이다. 오늘날 대한민국이 유엔을 비롯한 각종 국제 사회에서 높은 위상을 차지할 수 있게 된 것은 인권, 자유, 민주와 같은 자유민주주의의 보편적 가치를 구현했기 때문이다. 세계 곳곳에서 관심과 사랑을 받고 있는 한류 역시 자유로운 표현과 소통이 가능했기 때문에 이룬 성취다. 그러나 민주화까지의 여정은 너무도 길고 험난했다. 그 사이에 너무나도 많은 이들이 희생되었고, 고통을 겪었다.

앞에서 살펴본 대로, 대한민국은 반공국가이면서 동시에 자유민주주의 국가로 탄생했다. 그러나 현실 정치에서 반공주의는 오랜 기간 동안 통치자의 권력 의지와 맞물려 반대자를 억압하고 자유, 인권 등을 억압하는 도구로 활용되었다. 한국 민주화의 역사는 그러한 권위주의 권력에 저항하면서 자유민주주의의 가치를 지켜내려는 투쟁의 시간이었다.

한국의 민주화 과정에서 흥미로운 사실은 대한민국의 탄생 전후로 국가는 매우 강력한 존재였고, 그에 비해 시민 사회는 미약했지만, 민주화의 투쟁 속에서 시민 사회는 국가 권력에 끊임없이 저항했고 결국 권위주의 권력을 굴복시킬 수 있었다는 점이다. 식민지에 대한 직접적이고 강압적인 통치를 해 온 일본 제국주의 지배 체제의 유산과 뒤이은 6·25 전쟁으로 한국의 '국가'는 처음부터 강력한 관료 조직과 물리적 강제력을 갖추고 있었다.

이에 비해 조선왕조의 '백성'이었고 식민지 시대의 '황국 신민'이었던 인민들은 해방 이후에도 근대적 의미의 '시민성'을 지닐 수 없었다. 신생 독립국가인 대한민국이 채택한 자유민주주의 체제 역시 프랑스 혁명이나 미국 독립전쟁처럼 시민혁명을 통해 스스로 획득한 것이 아니라, 사실상 외부에 의해 '주어진 것'으로의 의미가 더욱 컸다. 그럼에도 불구하고 유신 시대나 전두환 정권과 같은 암흑의 시기에서도 폭압적 국가에 대한 시민사회의 저항은 결코 약화되지 않았으며, 자유민주주의는 독재에 저항하는 투쟁의 정당성의 원천이었다.

시민 사회가 깨어나게 된 가장 중요한 계기는 4·19 혁명이었다. 대한민국 정부가 수립되었을 때 자유민주주의의 가치가 국민들에게 체화되어 있었다고 볼 수는 없다. 자유민주주의는 '낯선' 제도였다. 그러나 자유민주주의를 '배운' 학생들은 교실과 현실 정치에서의 극심한 차이를 자각하게 되었다. 그들은 그것을 '불의'로 판단했고, 마침내 거리로 뛰쳐나가 저항했다. 그 결과 이승만 정권이 붕괴하면서 자유민주주의의 가치를 훼손하는 불의의 권력에 대한 저항은 우리 사회의 시민적 덕목으로 자리 잡았다. 학생과 엘리트 지식인 등 소수만이 인식하고 있던 자유민주주의의 가치는 4·19 혁명과 함께 사회적으로 공유될 수 있게 되었다.

한국 민주화 과정에서 살펴볼 수 있는 또 다른 흥미로운 점은 권위주의 정권하에서도 최소한의 형식적 민주주의는 정당성의 근거로 유지되어야 했다는 점이다. 아무리 독재자라고 해도 선거를 폐지하거나 연기할 수는 없었다. 1960년대까지는 미국의 영향도 적지 않았다. 1950년 총선을 연기하려고 했던 이승만이나 군정을 연장하고자 했던 박정희 모두 미국의 압력으로 그럴 수가 없었다. 그런데 선거 정치의 공간이 열리면, 아무리 선거 부정이나 관권 개입이 횡행한다고 해도 통치자에 대한 정치적 불만과 불신은, 거대한 정치적 변혁이 생겨나기 전에, 표를 통해 표출되었다.

1956년 정부통령 선거에서의 민심 이반이나, 유신의 정점이었던 1978년 국회의원 선거에서 신민당이 득표율에서 앞선 것이나, 1985년 2·12 총선에서 신생 신한민주당이 돌풍을 일으킨 것 모두 얼마 지나지 않아 권위주의 체제의 몰락으로 이어졌다. 그런 점에서 선거는, 결코 공정한 경쟁은 아니었지만, 그 나름대로 중요한 의미를 갖고 있었다. 대한민국의 민주화가 '대통령 직선제 개헌'이 상징하는 공정하고 자유로운 선거의 확립이라는 절차적 민주주의를 통해 이뤄진 것도 이와 무관하지 않다.

한편, 4·19 혁명이 미완의 혁명으로 끝난 것은 저항의 주체가 대안 세력이 될 수 없는 학생이었다는 사실과 긴밀한 관련을 갖는다. 10·26 사태로 유신체제가 몰락했지만 곧바로 민주화 시대로 이어질 수 없었던 것도 대안 세력이 분명하지 않았기 때문이다. 이에 비해 6월 민주 항쟁을 통해 민주화를 이뤄낼 수 있었던 것은 학생, 종교인, 노동자, 시민 등 시민 사회의 투쟁과 함께 대안 세력으로서의 야당 정치가 함께 힘을 모을 수 있었기 때문이다. 따라서 한국의 민주화는 혁명적 변화라기보다는 제헌 헌법과 함께 만들어진 정치체제의 연속성을 일정하게 계속 유지하며 이어져 왔다고 할 수 있다.

1987년의 민주화는 공정하고 자유로운 선거, 견제 받는 권력, 장기 지배의 방지라고 하는 자유민주주의의 최소한의 요건을 목표로 했다. 민주화 이후 30년 가까운 세월이 흐르면서 1987년 당시의 목표는 어느 정도 이뤄진 것으로 보인다. 이제는 한 단계 더 심화된 민주주의를 위한 또 다른 노력이 사회적으로 필요한 시점이 되었다. 즉, 절차적 민주주의의 수준을 넘어 정치적 참여와 표현에 대한 개인의 자유와 권리가 최대한 보장되고, 소수의 정치적 결사와 대표성이 보장되며, 약자에 대한 사회적 배려가 확립되며, 이념적 포용력이 증대된 '심화된 민주주의'로 나아가야 할 시점이 된 것이다.

자유민주주의는 1948년 건국과 함께 추구해 온 대한민국의 기본 가치이다. 독재의 억압으로 민주주의에 대한 희망조차 갖기 힘들었던 칠흑의 시간에도 민주주의를 향한 뜨거운 염원은 언제나 불타오르고 있었고, 불의에 대한 용기 있는 저항은 끊이지 않았다. 민주주의에 대한 그와 같은 '타는 목마름'이 오늘날의 민주주의 국가 대한민국을 만들었다.

타는 목마름으로

김지하

신새벽 뒷골목에
네 이름을 쓴다 민주주의여
내 머리는 너를 잊은 지 오래
내 발길은 너를 잊은 지 너무도 너무도 오래
오직 한가닥 있어
타는 가슴속 목마름의 기억이
네 이름을 남 몰래 쓴다 민주주의여.

아직 동트지 않은 뒷골목의 어딘가
발자국소리 호르락 소리 문 두드리는 소리
외마디 길고 긴 누군가의 비명소리
신음소리 통곡소리 탄식소리 그 속에 내 가슴팍 속에
깊이깊이 새겨지는 네 이름 위에
네 이름의 외로운 눈부심 위에
살아오는 삶의 아픔
살아오는 저 푸르른 자유의 추억

되살아오는 끌려가던 벗들의 피 묻은 얼굴
떨리는 손 떨리는 가슴
떨리는 치떨리는 노여움으로 나무판자에
백묵으로 서툰 솜씨로
쓴다.

숨죽여 흐느끼며
네 이름을 남 몰래 쓴다.
타는 목마름으로
타는 목마름으로
민주주의여 만세

《타는 목마름으로》(1982)

주

1 이 민주주의 지수는 '선거 과정과 다원주의(electoral process and pluralism)', '시민적 자유(civil liberties)', '정부 기구의 작동(the functioning of government)', '정치 참여(political participation)', '정치 문화(political culture)' 등 다섯 가지 기준에 의해 결정한다. http://www.sudestada.com.uy/Content/Articles/421a313a-d58f-462e-9b24-2504a37f6b56/Democracy-index-2014.pdf(검색일 2015. 3. 20.).

2 김도현(1981), "1950년대의 이승만론", 진덕규 외, 《1950년대의 인식》, 한길사, 67.

3 한배호(2008), 《자유를 향한 20세기 한국 정치사: 독재와 반민주의 세월을 넘어》, 일조각, 186.

4 민주화운동기념사업회연구소(2008), 《한국민주화운동사》 1, 46.

5 민주화운동기념사업회연구소(2008), 48~49.

6 자유당에서는 '갈아봤자 별 수 없다', '구관이 명관이다' 등이 구호였고, 진보당은 '갈지 못하면 살 수 없다', '이것저것 다 해 보았다. 혁신밖에 실 길 없다' 등을 내세웠다. '못 살겠다, 갈아보자'라는 민주당의 구호가 당시 큰 영향을 미쳤음을 여기서도 알 수 있다.

7 이승만 대통령의 유시가 법처럼 행해진다는 것을 비꼬아서 '유시법'이라고 한 것이다.

8 민주화운동기념사업회연구소(2008), 62.

9 2011년 대법원은 조봉암 사건에 대한 재심판결을 통해 국가변란 목적 단체 결성과 간첩 혐의에 대해 무죄를 선고했다.

10 김정원(1983), "제2공화국의 수립과 몰락", 김성환 외, 《1960년대》, 거름, 63.

11 갈수록 더욱 괴상해지다.

12 리레식 투표는 '릴레이식 투표'를 말한다. 릴레이식 투표는 투표장에 나타난 유권자에게 운동원이 이미 특정 후보에게 기표된 투표용지를 건네주고 이를 투표함에 넣게 하고, 그 유권자가 받은 투표용지는 기표하지 않은 상태로 운동원에게 가져오면 이를 돈으로 바꿔주는 방식의 부정 선거를 말한다.

13 http://news.khan.co.kr/kh_news/khan_art_view.html?artid=201412142053005, "[의혹과 진실-한승헌의 재판으로 본 현대사](10) 《경향신문》 폐간 탄압사건(上)"(《경향신문》 2014. 12. 14.)(검색일 2014. 12. 20.).

14 연시중(2001), 《한국정당정치실록》 2, 지와 사랑, 203.

15 지병문 외(2014), 《현대 한국의 정치: 전개과정과 동인》, 제2판, 피앤씨미디어, 102~103.

16 http://newslibrary.naver.com/viewer/index.nhn?articleId=1983040100209217001&edtNo=2&printCount=1&publishDate=1983-04-01&officeId=00020&pageNo=17&printNo=18921&publishType=00020, 1면과 3면 참조(검색일 2014. 12. 20.).

17 한배호, 위의 책, 203.

18 민주화운동기념사업회연구소(2008), 113.

19 3·15의거 기념사업회, http://www.masan315.net/opp/sub_05_01.asp(검색일 2014. 11. 10.).

20 김삼웅(2010), 《한국현대사 다이제스트 100》, 가람기획, 117.

21 한승주(1983), 《제2공화국과 한국의 민주주의》, 종로서적, 33.

22 한승주(1983), 앞의 책, 29.

23 김수진, "제2공화국의 정당과 정당 정치", 백영철 편, 《제2공화국과 한국의 민주주의》, 나남, 159.

24 한승주(1983), 앞의 책, 29.

25 최장집(1996), "제2공화국 하에서의 민주주의의 등장과 실패", 백영철 편, 《제2공화국과 한국 민주주의》, 나남, 69.

26 심지연(2009), 《증보판 한국 정당 정치사: 위기와 통합의 정치》, 백산서당, 170.

27 장달중(1986), "제3공화국과 권위주의적 근대화", 한국정치학회 편, 《현대한국정치론》, 법문사, 242.

28 강원택(2011), "제3공화국의 선거", 한국선거학회 편, 《한국 선거 60년: 이론과 실제》, 오름, 106.

29 김용호(2001), 《한국 정당정치의 이해》, 나남, 159.

30 동아일보사(1967), 《신동아》 7월호, 70~75.

31 심지연(2009), 200.

32 민주화운동기념사업회연구소(2008), 514.

33 지병문 외(2014), 178.

34 정우회는 1967년 국회의원 선거에서 부정 선거 시비로 민주공화당에서 제명된 의원들로 구성된 단체이다. 사실상 공화당과 동일한 정치적 입장을 갖는다고 볼 수 있다.

35 김용호(1990), "공화당과 3선 개헌", 동아일보사, 《현대사를 어떻게 볼 것인가》 4, 103.

36 김일영(2011), 《한국현대정치사론》, 논형, 215~219.

37 중앙선거관리위원회(1973), 《대한민국 선거사》 제1집, 569~576.

38 김용호(1990), 106에서 재인용.

39 조희연(2007), 《박정희와 개발독재시대: 5 · 6에서 10 · 26까지》, 역사비평사, 112.

40 김영순(1998), "유신 체제 수립에 관한 연구", 한국산업사회연구회 편, 《오늘의 한국 자본주의와 국가》, 한길사, 69.

41 이러한 통일주체국민회의에 의한 대통령 선출은 이후 1978년 박정희, 1980년 최규하, 1981년 전두환에까지 이어지게 된다.

42 긴급조치 3호는 석유수출국기구의 유가 인상에 따른 경제 어려움을 극복하기 위한 조치들로서 1974년 1월 14일에 빌표되었다.

43 김삼웅(2010), 228~229.

44 민주화운동기념사업회연구소 편(2009), 《한국 민주화운동사 2: 유신체제기》, 돌베개, 150.

45 김영삼(2000), 《김영삼 회고록》 2, 백산서당, 59~60.

46 이경재(1986), 《유신 쿠데타》, 일월서각, 52.

47 이와 함께 고려대학교의 휴교를 명령한 긴급조치 7호를 해제하는 긴급조치 8호 조치를 공포했다.

48 김삼운(2010), 248.

49 민주화운동기념사업회연구소 편(2009), 223.

50 심지연(2009), 《증보판 한국 정당 정치사: 위기와 통합의 정치》, 백산서당, 248.

51 손호철(2011a), "1979년 부마항쟁의 재조명: 정치적 배경을 중심으로", 《현대 한국정치: 이론, 역사, 현실(1945~2011)》, 이매진, 4446에서 재인용.

52 http://news.donga.com/3/all/20130828/57265472/1(검색일 2014. 12. 20.).

53 김영명(1994), "10 · 26과 박정희 유신 체제의 붕괴", 동아일보사 편, 《5공 평가 대토론

회: 현대사를 어떻게 볼 것인가》 6, 12.

54 손호철(2011b), "박정희 정권의 재평가: 개발 독재 바람직했나", 《현대 한국정치: 이론, 역사, 현실(1945~2011)》, 이매진, 337.

55 한정일(1994), "신군부의 등장과 5·18 광주의 비극", 동아일보사 편, 《5공 평가 대토론회: 현대사를 어떻게 볼 것인가》 6, 66.

56 한정일, 위의 책, 69.

57 이하 지병문 외(2014), 236~239.

58 한정일, 위의 책, 85~86.

59 http://news.khan.co.kr/kh_news/khan_art_view.html?artid=200905171739155&code=100100(검색일 2014. 11. 30.).

60 김영명(1994), 37.

61 이정복(2011), "제5공화국의 정치제도", 민준기·신명순·이정복·윤성이, 《한국의 정치: 제도·과정·발전》, 나남, 92.

62 임혁백(1994), "5공의 민주화 투쟁과 직선제 개헌", 동아일보사, 《5공 평가 대토론회; 현대사를 어떻게 볼 것인가》 5, 462~463.

63 임혁백(1994), 465.

64 민주화운동기념사업회연구소 편(2010), 《한국 민주화운동사 3: 서울의 봄부터 문민정부 수립까지》, 돌베개, 264.

65 한배호(2008), 《자유를 향한 20세기 한국 정치사: 독재와 반민주의 세월을 넘어》, 일조각.

66 민주화운동기념사업회연구소(2010), 307~308.

67 임혁백(1994), 472~473.

참고문헌

강원택(2011), "제3공화국의 선거", 한국선거학회 편, 《한국 선거 60년: 이론과 실제》, 오름.

김대중(2010), 《김대중 자서전》 1, 삼인.

김도현(1981), "1950년대의 이승만론", 진덕규 외, 《1950년대의 인식》, 한길사.

김삼웅(2010), 《한국현대사 다이제스트 100》, 가람기획.

김수진, "제2공화국의 정당과 정당 정치", 백영철 편, 《제2공화국과 한국의 민주주의》, 나남.

김영명(1994), "10·26과 박정희 유신 체제의 붕괴", 동아일보사 편, 《5공 평가 대토론회: 현대사를 어떻게 볼 것인가》 6.

김영삼(2000), 《김영삼 대통령 회고록: 민주주의를 위한 나의 투쟁》 2, 백산서당.

김영순(1998), "유신 체제 수립에 관한 연구", 한국산업사회연구회 편, 《오늘의 한국 자본주의와 국가》, 한길사.

김용호(2001), 《한국 정당정치의 이해》, 나남.

김용호(1990), "공화당과 3선 개헌", 동아일보사, 《현대사를 어떻게 볼 것인가》 4.

김일영(2011), 《한국현대정치사론》, 논형.

김정원(1983), "제2공화국의 수립과 몰락", 김성환 외, 《1960년대》, 거름.

민주화운동기념사업회연구소 편(2008), 《한국 민주화운동사 1: 제1공화국부터 제3공화국까지》, 돌베개.

민주화운동기념사업회연구소 편(2009), 《한국 민주화운동사 2: 유신체제기》, 돌베개.

민주화운동기념사업회연구소 편(2010), 《한국 민주화운동사 3: 서울의 봄부터 문민정부 수립까지》, 돌베개.

박세길(1989), 《다시 쓰는 현대사》, 돌베개.

서복경(2011), "제1공화국의 선거", 한국선거학회 편, 《한국 선거 60년: 이론과 실제》, 오름.

손호철(2011a), "1979년 부마항쟁의 재조명: 정치적 배경을 중심으로", 《현대 한국정치: 이론, 역사, 현실(1945~2011)》, 이매진.

손호철(2011b), "박정희 정권의 재평가: 개발 독재 바람직했나", 《현대 한국정치: 이론, 역사, 현실(1945~2011)》, 이매진.

심지연(2009), 《증보판 한국 정당 정치사: 위기와 통합의 정치》, 백산서당.

연시중(2001), 《한국정당정치실록》 2, 지와 사랑.

이경재(1986), 《유신 쿠데타》, 일월서각.

이기택(1987), 《한국야당사》, 백산서당.

이정복(2011), “제5공화국의 정치제도”, 민준기 · 신명순 · 이정복 · 윤성이, 《한국의 정치: 제도, 과정, 발전. 전정판》, 나남.

임혁백(1997), “지연되고 있는 민주주의의 공고화: 정치 민주화의 과정과 문제점”, 한국정치학회 · 한국사회학회 공동주최, 〈한국 민주화 10년: 평가와 전망〉 학회 발표 논문.

임혁백(1994), “5공의 민주화 투쟁과 직선제 개헌”, 동아일보사, 《5공 평가 대토론회; 현대사를 어떻게 볼 것인가》 5.

장달중(1986), “제 3 공화국과 권위주의적 근대화”, 한국정치학회 편, 《현대한국정치론》, 법문사.

조희연(2007), 《박정희와 개발독재시대: 5 · 16에서 10 · 26까지》, 역사비평사.

중앙선거관리위원회(1973), 《대한민국 선거사》 제1집.

지병문 · 김용철 · 천성권 · 지충남 · 유경화(2014), 《현대 한국의 정치: 전개과정과 동인》 제2판, 피앤씨미디어.

최장집(1996), “제2공화국 하에서의 민주주의의 등장과 실패”, 백영철 편, 《제2공화국과 한국 민주주의》, 나남.

한배호(2008), 《자유를 향한 20세기 한국 정치사: 독재와 반민주의 세월을 넘어》, 일조각.

한승주(1983), 《제 2 공화국과 한국의 민주주의》, 종로서적.

한정일(1994), “신군부의 등장과 5 · 18 광주의 비극”, 동아일보사 편, 《5공 평가 대토론회: 현대사를 어떻게 볼 것인가》 6.

Huntington, Samuel(1991), *The Third Wave*, 강문구 · 이재영(2011), 《제 3의 물결: 20세기 후반의 민주화》, 인간사랑.

O’Donnell, Guillermo and Philippe Schmitter(1986), *Transitions from Authoritarian ule: Tentative Conclusions about Uncertain Democracies*, Baltimore: Johns Hopkins University Press

사진 출처

27	뉴스뱅크 이미지
35	뉴스뱅크 이미지
56	동아일보
57	동아일보
63	대한민국역사박물관, 정범태
64~65	뉴스뱅크 이미지
67	뉴스뱅크 이미지
80	동아일보
87	동아일보
94	동아일보
95	동아일보
98	뉴스뱅크 이미지
111	뉴스뱅크 이미지
121	동아일보
124	동아일보
143	뉴스뱅크 이미지
159	대한민국역사박물관, 나경택
173	뉴스뱅크 이미지
180	뉴스뱅크 이미지
192	동아일보
197	뉴스뱅크 이미지
199	경향신문